COURS SUPÉRIEUR COMPLET

DE

DESSIN LINEAIRE,

D'ARPENTAGE ET D'ARCHITECTURE,

DESTINÉ

Aux Maisons d'Éducation des deux sexes, aux Écoles élémentaires et supérieures des villes et des campagnes, aux Écoles normales primaires des départements, aux Cours d'Adultes et aux personnes qui s'occupent du dessin.

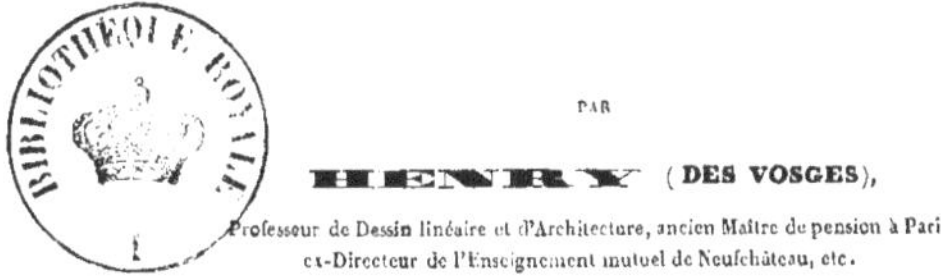

PAR

HENRY (DES VOSGES),

Professeur de Dessin linéaire et d'Architecture, ancien Maître de pension à Paris, ex-Directeur de l'Enseignement mutuel de Neufchâteau, etc.

Seconde Série.

MAÇONNERIE ET MARBRERIE.

PARIS.

CHEZ L'AUTEUR,

9, rue du Figuier-Saint-Paul, près du collége Charlemagne.

1846.

Paris. — Imprimerie de Lacour et Cie, rue St-Hyacinthe-St-Michel, 33.

Seconde Série.

—

PARAGRAPHE Ier. — MAÇONNERIE.

NOTIONS PRÉLIMINAIRES.

La Maçonnerie est l'art de travailler la pierre pour la construction des bâtiments. On dit qu'un bâtiment est bon, lorsqu'il est solide, commode, sain et agréable. La première chose que doit donc faire un architecte est de choisir un lieu convenable pour planter son bâtiment, de manière à obtenir les conditions ci-dessus. Il doit ensuite partager les espaces de telle sorte que les membres de son bâtiment se correspondent entre eux avec une égale symétrie et une juste proportion. Il faut qu'il connaisse la nature du terrain, de la chaux, du bois, des pierres et des autres matériaux qu'il met en usage, et qu'il les emploie avec prudence et soin, de façon que les fondations soient solides, les murs bien assis, et le tout bien posé. Enfin il doit s'appliquer à embellir les façades par des ornements qui leur soient propres, disposant à propos les portes, les fenêtres et toutes les autres parties, de manière que par ce seul arrangement, il puisse plaire aux yeux de ceux qui regarderont son œuvre.

Des Fondations.

Toute espèce de maçonnerie doit être assise sur un sol assez ferme pour pouvoir supporter son propre poids et résister aux efforts des autres objets qui, par leur pesanteur ou par leur poussée, doivent agir sur elle. Pour asseoir les fondations, quelquefois on est obligé de creuser le terrain à une grande profondeur; dans ce cas, par économie, on se sert de pilotis, solidement enfoncés en terre, sciés ensuite au même niveau et recouverts de madriers sur lesquels on pose la première assise de maçonnerie; ou bien on construit des dés de maçonnerie, établis à une profondeur convenable et liés ensemble par des arceaux également en maçonnerie; enfin pour les maçonneries hydrauliques, on les fonde par encaissement. En général, sur toute espèce de terrain, le roc excepté, il est nécessaire d'enfoncer les fondations au moins à un demi-mètre au dessous du niveau du terrain environnant l'aire ou pavé de la construction. La maçonnerie des fondations doit d'ailleurs être établie de niveau et élevée d'aplomb par retraites s'il le faut, et terminée à chaque retraite par les pierres les plus grandes, posées en boutisses, et la dernière retraite doit être arasée avec soin et de niveau pour recevoir la nette maçonnerie.

Première Leçon.

—

DÉTAILS GÉNÉRAUX D'UN BATIMENT.

PLAN, COUPE ET ÉLÉVATION D'UNE MAISON SIMPLE.

On se rend compte d'un bâtiment quelconque au moyen de trois dessins généraux : 1° le *plan*; 2° l'*élévation*; 3° la *coupe*.

Du Plan.

Le Plan d'un bâtiment (fig. 1re) est le dessin qui fait connaître la longueur et la largeur de chaque pièce d'appartement ou autres, la cage des escaliers, l'épaisseur des murs, l'emplacement des cheminées, des portes, des fenêtres, des niches, etc. En un mot, le plan représente la disposition horizontale du bâtiment. Il faut par conséquent autant de plans qu'il y a d'étages différents.

De l'Élévation.

L'Élévation d'un bâtiment (fig. 2) est le dessin qui indique la hauteur et la longueur des façades, la hauteur et la largeur des portes, des fenêtres, des arcs, des niches, des corniches, etc. En un mot, l'élévation représente la disposition verticale ou la face principale du bâtiment. On doit faire autant d'élévations qu'il y a de façades différentes.

De la Coupe.

La coupe d'un bâtiment (fig. 3) est le dessin qui représente la disposition des planchers et par conséquent la hauteur des étages, des caves et des mansardes, l'élévation des escaliers, des cheminées, etc.; c'est une autre disposition verticale du bâtiment, prise en sens opposé à celle de l'élévation.

Des sortes de Murs.

Dans un bâtiment les murs prennent différents noms, selon leur position. Les murs extérieurs qui supportent le faîte de la toiture se nomment les *pignons* A; ceux qui reçoivent les égouts du comble sont appelés les *gouterots* B. Les murs intérieurs se désignent sous le nom de *murs de refend* C, ce sont ceux qui séparent les chambres; ces derniers murs demandent moins d'épaisseur que les pignons et les gouterots, et souvent même on se contente de faire une simple cloison en briques revêtues de plâtre, ou bien on fait un léger mur en pierres parpaings, c'est-à-dire avec des pierres de même épaisseur, qui font parement de chaque côté du mur.

Construction.

Pour donner une idée générale d'un bâtiment, l'élève commencera d'abord par dessiner le plan (fig. 1re) avec tous ses murs, ses portes, ses fenêtres, ses cheminées, ses cloisons et ses escaliers, etc., comme l'indique le dessin; ensuite au dessus du plan, il placera verticalement l'élévation (fig. 2) en traçant d'abord la hauteur du socle, celle des bandeaux ou appuis des croisées de tous les étages, et celle de la corniche; ensuite il dessinera les croisées, la porte, les pilastres D et le profil des moulures; enfin à droite ou à gauche de l'élévation il placera la coupe (fig. 3), de manière que toutes les mesures de ces trois dessins généraux se correspondent horizontalement et verticalement.

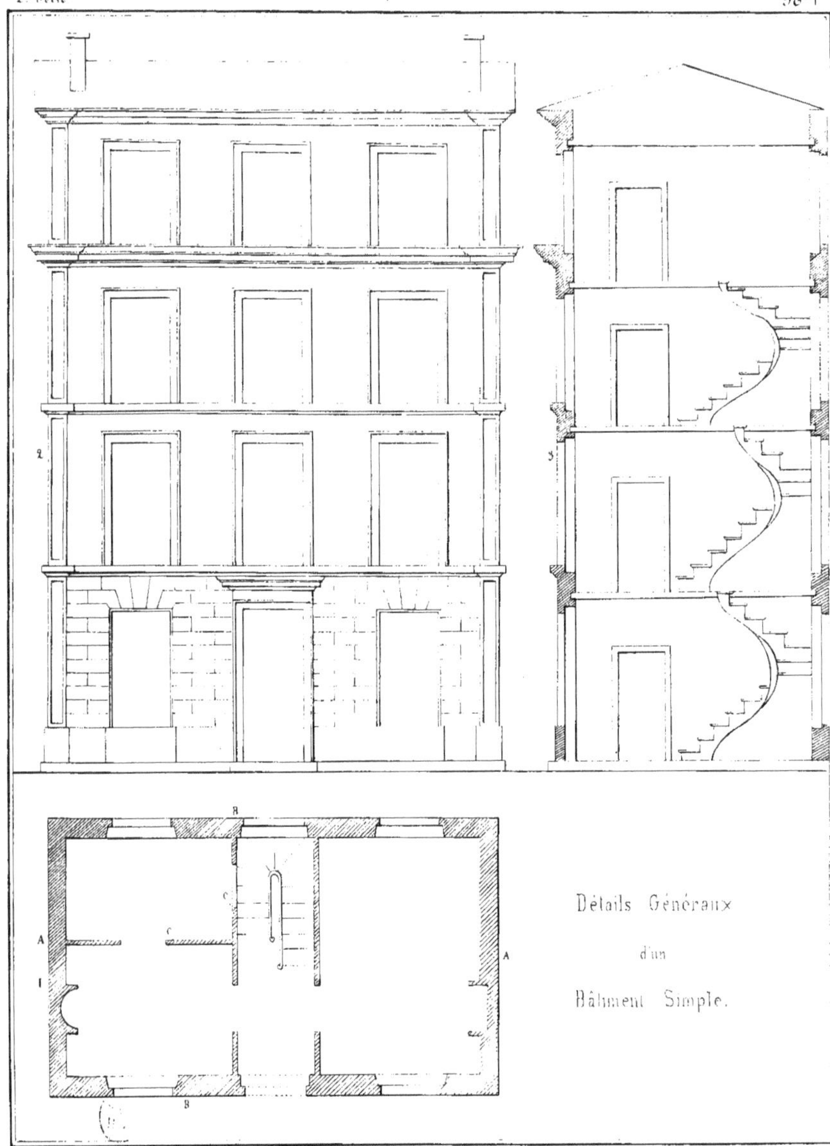

Dessiné par Henry (des Vosges)

Leroy, 86

MAÇONNERIE.

Porte Cochère

en Arc.

Lith. Leroy, 86 r. du Cherche midi.

Deuxième Leçon.

—

DES ARCS OU ARCADES.

PLAN, COUPE ET ÉLÉVATION D'UNE PORTE EN ARC.

En architecture, les ARCS, ou ARCADES sont d'un fréquent usage; on les emploie dans les entre-colonnements de bâtiments considérables, dans les portiques, dans les belles rues, dans les galeries; on en fait pour servir d'éperons et de contreforts à soutenir les murs qui ont beaucoup de charge; ils servent aux ponts, aux aqueducs, aux portes, aux fenêtres, aux arcs-de-triomphe, etc.

Parties principales d'un Arc.

Les différentes parties qui composent un arc sont :

1° Les *piles* A, qu'on nomme aussi *jambages* ou *piédroits;* ce sont les montants des arcs; on les établit par assises de pierres de taille ou de briques.

2° Le *coussinet* B, appelé aussi *imposte;* c'est le lit de pierres sur lequel on établit la naissance de l'arc.

3° Le *bandeau* C, qu'on désigne aussi sous le nom d'*archivolte* ou de *stradosse;* c'est l'ouverture cintrée de l'arcade.

4° Les *coins* D ou *voussoirs*; ce sont les pierres qui forment l'archivolte.

5° La *clé de l'arc* E; c'est la dernière pierre ou le dernier voussoir que l'on pose pour fermer l'arcade, elle se trouve justement au milieu du bandeau.

6° Et les *contre-clés* F; ce sont les voussoirs qui joignent la clé à droite et à gauche.

Construction.

Voici les mesures d'une porte simple en arc à plein cintre :

La hauteur de la baie est double de sa largeur; les piédroits, y compris l'imposte, occupent les trois quarts de cette hauteur, l'archivolte, formée d'une demi-circonférence, occupe l'autre quart. La largeur des piles s'obtient de cette manière : on partage l'arc en trois parties égales, on tire une droite passant par les points I, J que l'on prolonge d'autant jusqu'au point N; de ce dernier point on mène une verticale, et la largeur des piles se trouve déterminée. On donne au linteau ou architrave la même largeur qu'aux piles. Ensuite on divise l'arc en quinze parties égales pour former les voussoirs, dont on détermine les joints par des droites tirées du centre de l'arc P aux divisions de la circonférence; ces joints s'arrêtent à la rencontre des assises de niveau qui leur correspondent, à l'exception de la clé qui s'élève jusque sous la corniche, et des contre-clés qui montent jusque sous la frise. On partage ensuite la hauteur des piédroits, ainsi que celle de l'archivolte, en parties égales pour former les assises de bossages dont la plus basse sert de socle. On termine enfin l'édifice par une frise et une corniche d'un ordre quelconque.

La fig. 1re représente le plan; la fig. 2, l'élévation; et la fig. 3, la coupe.

—

Troisième Leçon.

—

DES PORTES.

PLAN, COUPE ET ÉLÉVATION D'UNE PORTE RUSTIQUE D'ORDRE TOSCAN.

Des sortes de Portes.

On distingue trois sortes de portes : 1° les *grandes* ou *principales;* 2° les *moyennes* ou *ordinaires;* 3° les *petites* ou *accessoires.*

Scamozzi compare la PORTE PRINCIPALE à la bouche de l'animal, qui doit être mise au milieu de l'édifice, où elle donne plus de majesté et plus de commodité. Autant que possible, la porte principale doit être faite en arc pour plus de solidité et pour plus grande facilité dans le passage.

On emploie les MOYENNES PORTES pour les galeries, les salles, les salons, les escaliers, etc. Les anciens architectes faisaient presque toujours ces portes carrées et rarement en arc.

On se sert des PETITES PORTES pour la communication des parties de l'intérieur; il en faut autant qu'il est nécessaire pour l'usage, et celles d'un même appartement doivent être vis-à-vis l'une de l'autre, afin de contribuer à la magnificence.

Construction.

Voici les mesures d'une porte rustique d'ordre toscan, à bossages, sans colonnes, de l'invention de Vignole.

Toute la hauteur de l'ordonnance est de 30 modules, et sa largeur de 20 modules. Le chambranle A a un module, et les côtés ou piédroits B de la porte, chacun 4 modules. La corniche C de l'entablement a 2 modules, le reste se partage en 21 parties égales, qui ont par conséquent chacune 1 module un tiers; la plus haute de ces parties est pour la frise D, celle qui suit pour l'architrave E avec sa règle, les dix-huit autres parties font 18 assises de bossages, et la plus basse est pour un socle F, tout uni.

La longueur du linteau G du chambranle est de 12 modules; elle se partage en 9 parties égales pour le bas de neuf claveaux qui font la plate-bande sur la porte, et qui ont par conséquent chacun un module un tiers comme chaque assise de bossages. Les joints des claveaux partent d'un même centre, qui est au sommet d'un triangle équilatéral, fait sur toute la longueur du linteau, et ils sont coupés à la rencontre des assises de niveau qui leur correspondent; ainsi le bossage de la clé H occupe une partie de la frise, et les deux claveaux ou contre-clés I qui le suivent, entrent dans l'architrave. Le premier claveau F se nomme *sommier* et les autres L *claveaux à crossettes.* Le chambranle se compose d'un gros talon de neuf parties de module et de son filet de trois parties.

La corniche de l'entablement qui a deux modules se compose d'un larmier entre deux talons couronnés de leurs filets.

Chaque assise est de deux carreaux de bossages; les petits M, appelés *carreaux*, ont un module un tiers, et les grands N, appelés *boutisses*, ont le double; ils sont posés alternativement l'un sur l'autre, de manière que les joints verticaux se croisent.

La fig. 1re représente le plan; la fig. 2, l'élévation; et la fig. 3, la coupe.

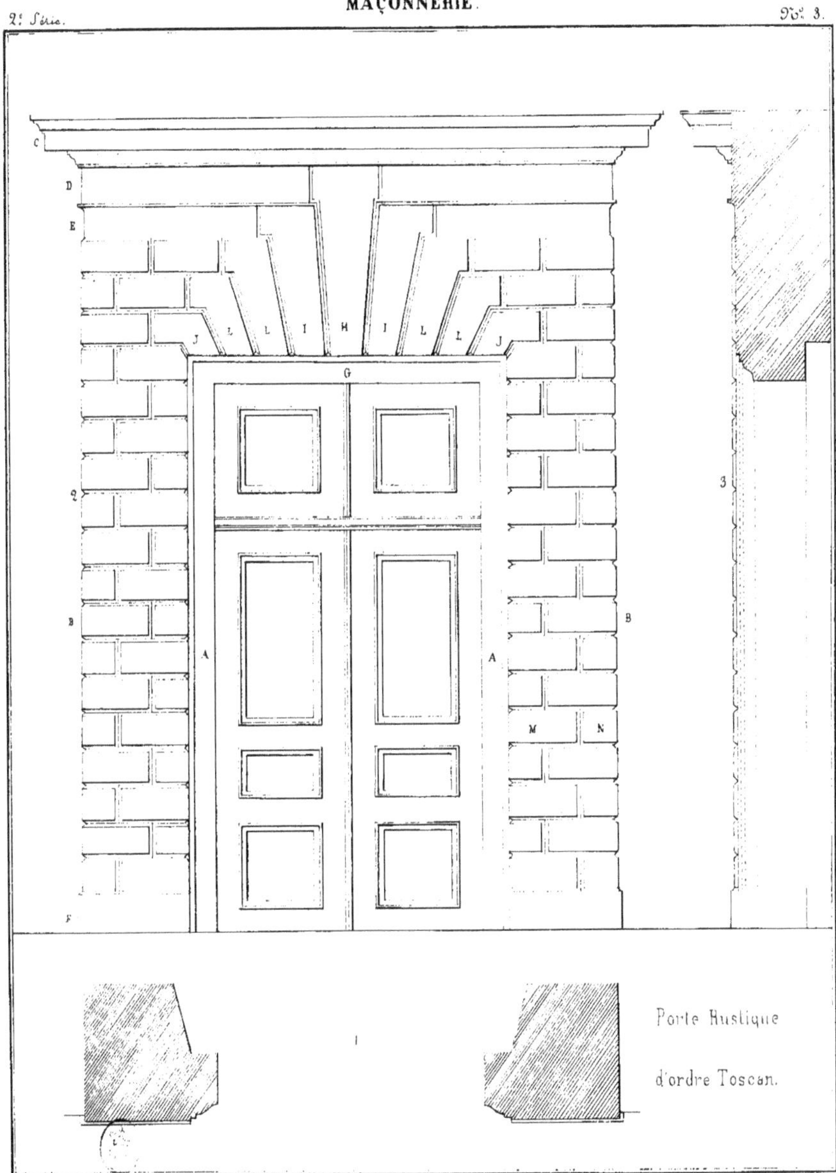

Porte Rustique d'ordre Toscan.

Porte Carrée

avec

Pilastres et Fronton

Dessiné par Henry (des Vosges.) Lith. Leroy, 86, r. du Cherche midi

Quatrième Leçon.

—

SUITE DES PORTES.

PLAN, COUPE ET ÉLÉVATION D'UNE PORTE SIMPLE CARRÉE AVEC PILASTRES ET FRONTON.

Parties principales d'une Porte.

En maçonnerie, une ouverture d'arc, de porte, de fenêtre ou de niche prend le nom de BAIE. Les ornements qui accompagnent ordinairement les baies sont :

1° Le *chambranle* qui se compose de deux piédroits ou montants A et d'un linteau B ou couverture de la baie ; les piédroits et le linteau du chambranle peuvent être simples ou ornés de moulures.

2° Les *pilastres* D ; ce sont des espèces de colonnes plates et carrées que l'on place en arrière-corps à chaque côté des piédroits du chambranle ; on donne aux pilastres, comme aux colonnes, des piédestaux, des bases, des chapiteaux, etc.

3° L'*entablement* composé d'une *frise* E et d'une *corniche* F d'un ordre quelconque. Lorsqu'une porte est ornée d'un entablement, le linteau prend le nom d'*architrave*.

4° Le *fronton* G, c'est un ornement triangulaire ou circulaire que l'on met au-dessus de la corniche. Le champ ou panneau du milieu H se nomme *tympan*, on y peut placer des inscriptions, des bas-reliefs ou des emblèmes quelconques. Les moulures du fronton doivent être les mêmes que celles de la corniche. La plus belle proportion des frontons est celle qui a de hauteur les deux neuvièmes de toute la longueur de la corniche, à la prendre au dessus du filet qui sert de cymaise à la gouttière.

Construction.

Voici les mesures principales d'une porte simple carrée avec pilastres et fronton : la hauteur de la baie est double de sa largeur ; le chambranle, ainsi que l'architrave ou linteau, a le sixième de la largeur de la baie ; on divise la largeur du chambranle en trois parties égales ; dans la première partie on met un talon avec son filet, dans la seconde une plate-bande et dans la troisième une baguette, un talon et un large filet.

A chaque côté des piédroits du chambranle on place un arrière-corps dont la largeur est égale au quart de celle de la baie ; de même au dessus du linteau, on prend une largeur égale au quart de celle de la baie pour former la frise. On partage cet arrière-corps en sept parties égales ; on laisse une partie de chaque côté, et les cinq parties qui restent donnent la largeur d'un pilastre simple peu saillant, surmonté d'une espèce de triglyphe I dont les canaux sont creusés d'une gorge. Dans la frise on pratique un panneau de même largeur que les pilastres. Au-dessus de la frise on place la corniche dont la hauteur est égale à celle de la frise ; cette hauteur étant divisée en trois parties égales, dans la première on met un cavet et un filet, lesquels font ressaut sur les triglyphes des pilastres ; dans la seconde on place un larmier, et dans la troisième un talon avec son filet. Enfin au dessus de la corniche on place un fronton triangulaire dont la hauteur a les deux neuvièmes de la longueur de cette corniche.

La fig. 1re représente le plan ; la fig. 2, l'élévation ; et la fig. 3, la coupe.

Cinquième Leçon.

SUITE DES PORTES.

PLAN, COUPE ET ÉLÉVATION D'UNE PORTE CARRÉE D'ORDRE CORINTHIEN.

Construction.

Cette porte est de l'invention de Vignole qui en donne ainsi les mesures : le module se divise en 18 parties. La largeur de la baie a 5 modules et sa hauteur 10 modules. L'entablement a 3 modules et demi, savoir : le chambranle, 1 module; la frise, 1 module; et la corniche, 1 module et demi. A chaque côté des piédroits du chambranle il y a une console C de 2 modules 7 parties de hauteur; les 7 parties d'en bas pendent au dessous du haut de la baie et forment la petite volute tournée en dehors de la console; les 2 modules qui restent occupent la hauteur de l'architrave et celle de la frise.

Les piédroits du chambranle ont à chaque côté un autre piédroit ou pilastre en arrière-corps de la largeur du haut de la console, c'est-à-dire d'un demi-module, composé d'une scotie de 6 parties entre deux filets de chacun une partie et demie. Chaque console est couronnée d'une espèce de mutule carrée haute de 4 parties et ayant 12 parties de saillie, et cette mutule est aussi surmontée en avant-corps du filet de l'astragale et de l'ove qui sont sous la bande des modillons de la corniche. Du milieu d'une console à l'autre, il y a 7 modules et demi qui donnent place à cinq espaces de modillons lesquels ont chacun 1 module et demi de longueur, c'est-à-dire un demi-module pour le front de la mutule et 1 module pour l'intervalle.

La largeur du chambranle qui est d'un module, se divise, savoir : pour la première plate-bande, 3 parties; un astragale, une demi-partie; la seconde plate-bande, 4 parties; un ove, 1 partie et demie; la troisième plate-bande, 5 parties; un talon, 3 parties; et un filet, 1 partie.

Le pied de la porte est élevé sur le rez-de-chaussée d'une marche B de 5 parties de hauteur, couronnée d'un filet d'une demi-partie et d'un astragale d'une partie.

Toute la porte, avec son placard, fait un avant-corps sur le mur du bâtiment; un fronton A circulaire couronne cette porte.

La fig. 1re représente le plan ; la fig. 2, l'élévation; et la fig. 3, la coupe.

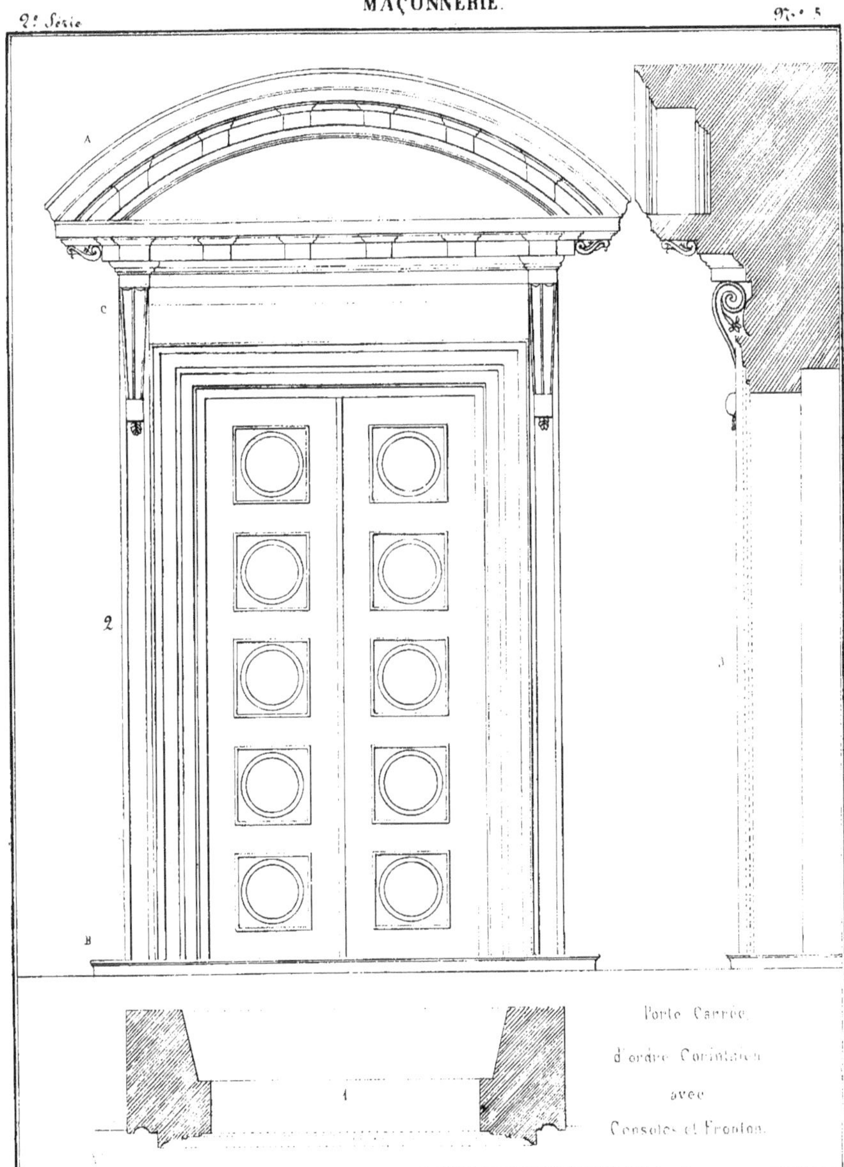
A
C
2
B
1
Porte Carrée
d'ordre Corinthien
avec
Consoles et Fronton.

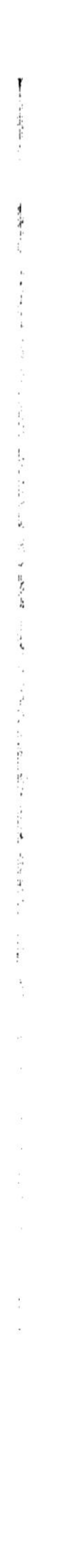

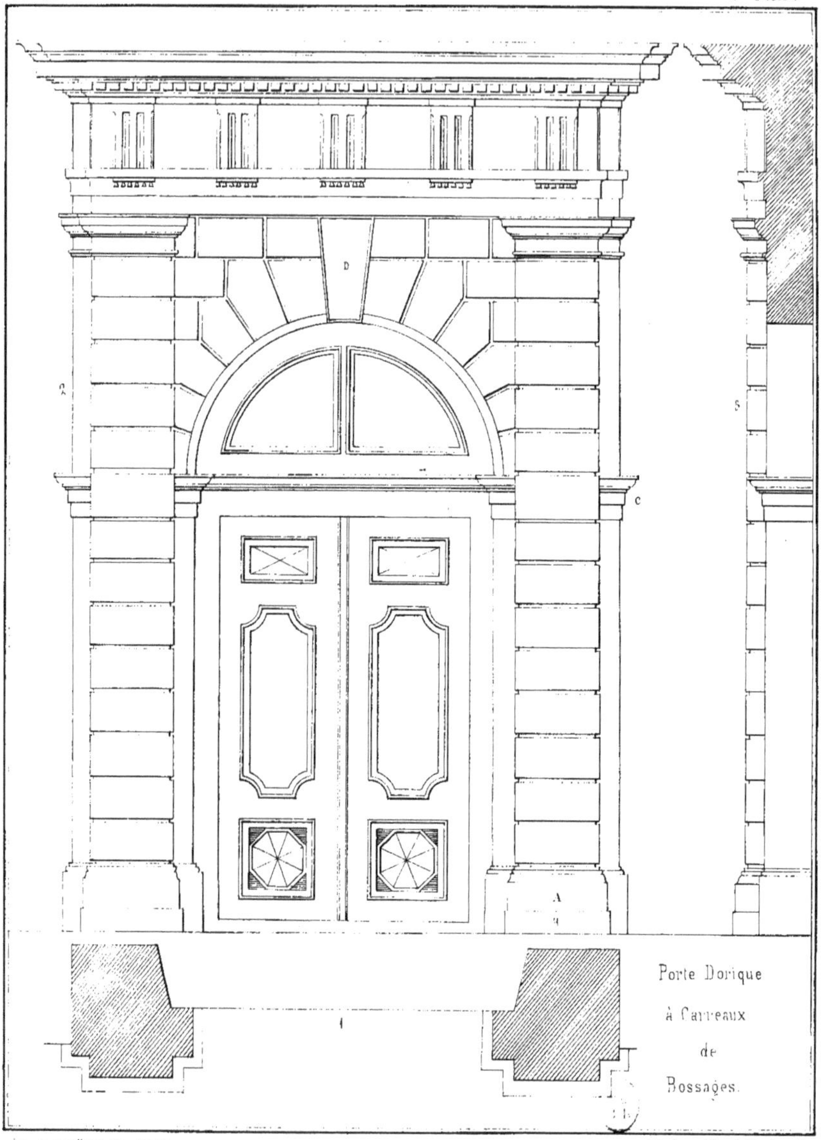

D

R

S

C

A

Porte Dorique
à Carreaux
de
Bossages.

Dessiné par Henry (... Vosges)

Lith. Lerey & C, r. du Cherche midi.

Sixième Leçon.

—

SUITE DES PORTES.

PLAN, COUPE ET ÉLÉVATION D'UNE PORTE DORIQUE A CARREAUX DE BOSSAGES.

Construction.

Cette porte d'ordre dorique à carreaux de bossages, plats séparés par un gros filet carré creux, est placée entre deux pilastres, dont la hauteur est de 16 modules, la largeur de 2 modules; la largeur des piles a 3 modules, de sorte que l'alette de chaque côté des pilastres n'a qu'un demi-module.

Du milieu d'un pilastre à l'autre, il y a 10 modules qui donnent place à 4 métopes et à 5 triglyphes. Par ce moyen la largeur de la baie est de 7 modules et sa hauteur de 14 modules. La hauteur de l'imposte C est de 1 module, ses moulures sont pareilles à celles de l'imposte dorique sans piédestal. La hauteur du piédroit sous l'imposte est de 10 modules et demi. Les carreaux de bossages sont distribués par assises de manière que la hauteur de l'imposte en ait une, huit au dessous vers la base et cinq au dessus vers le chapiteau. Le socle A est placé sur un plinthe B.

L'arc ou archivolte a 13 voussoirs. Tout le bossage est sur un même plan en avant-corps d'un demi-module de saillie sur les piles. L'arc qui termine le bas des voussoirs est sur le même avant-corps, il a 7 modules 1/2 de diamètre. La clé D pend jusque sur l'arc de l'arrière-corps, ses joints partent du centre de l'arc et se terminent sous le haut de l'architrave du grand entablement; les voussoirs suivants sont coupés par la rencontre des assises de niveau.

Les mesures des parties de l'entablement sont conformes aux règles de l'ordre dorique de Vignole; savoir : l'architrave a un module de hauteur; la frise, un module et demi et la corniche également un module et demi; en tout 4 modules.

La fig. 1re représente le plan; la fig. 2, l'élévation; et la fig. 3, la coupe.

—

Septième Leçon.

—

SUITE DES PORTES.

PLAN, COUPE ET ÉLÉVATION D'UNE PORTE IONIQUE A CARREAUX DE BOSSAGES.

Construction.

Cette porte gracieuse d'ordre ionique se compose de deux piles ou piédroits A et d'un linteau droit B à carreaux de bossages plats, séparés par un filet creusé en biseau. Ces deux piles et le linteau forment un avant-corps peu saillant. Voici les mesures générales de cette porte: Le module est divisé en 18 parties. La hauteur des piles, le socle compris, est de 20 modules, la distance d'un pilastre à l'autre est de 9 modules. Chaque pilastre a 3 modules de largeur et le linteau 1 module et demi de hauteur. Les piles sont assises sur un socle C de 3 modules de hauteur, lequel sert de soubassement à tout le placard de la porte. Le reste de la hauteur des piles est de 17 modules, il se partage en 17 assises de bossages qui ont par conséquent chacune un module de hauteur. Le linteau a neuf modules de longueur, il se partage en neuf claveaux qui ont aussi un module de largeur comme chaque assise de bossages. Les joints des claveaux partent d'un même centre qui est au sommet d'un triangle équilatéral fait sur toute la longueur du linteau, et se terminent à l'architrave. La clé du linteau D qui présente une saillie est taillée en pointe de diamant. Au dessus du linteau est placé un entablement F d'ordre ionique. La corniche est surmontée d'un socle E orné d'un panneau dans lequel on peut placer des bas-reliefs.

En dehors des piles sont placés en arrière-corps des lambris G avec panneaux assis sur le socle du soubassement. Ces lambris ont 3 modules de largeur sur 10 modules de hauteur jusqu'à l'imposte H qui a un module de hauteur. Au-dessus de l'imposte est placé un socle de 12 parties de hauteur, et à partir de ce socle, les lambris diminuent en adoucissant jusque sous la corniche de l'entablement.

Entre les piles est pratiquée en arrière-corps également une baie de petite porte I dont la hauteur est de 12 modules et la largeur de 6 modules. Cette baie est ornée d'un chambranle d'un module de largeur avec les moulures suivantes : un filet, un talon, une plate-bande, une autre plate-bande et une baguette. Le linteau ou architrave a comme les piédroits du chambranle un module de hauteur. La frise au-dessus du linteau a également un module de hauteur, elle est ornée dans sa face d'un panneau, et à ses extrémités de deux petites consoles L. Enfin la corniche au-dessus de la frise a aussi un module de hauteur, mais la saillie n'excède pas la largeur du chambranle, attendu que la frise a été diminuée dans sa longueur de chaque côté d'une quantité nécessaire pour le profil de la corniche.

La fig. 1re représente le plan; la fig. 2, l'élévation; et la fig. 3, la coupe.

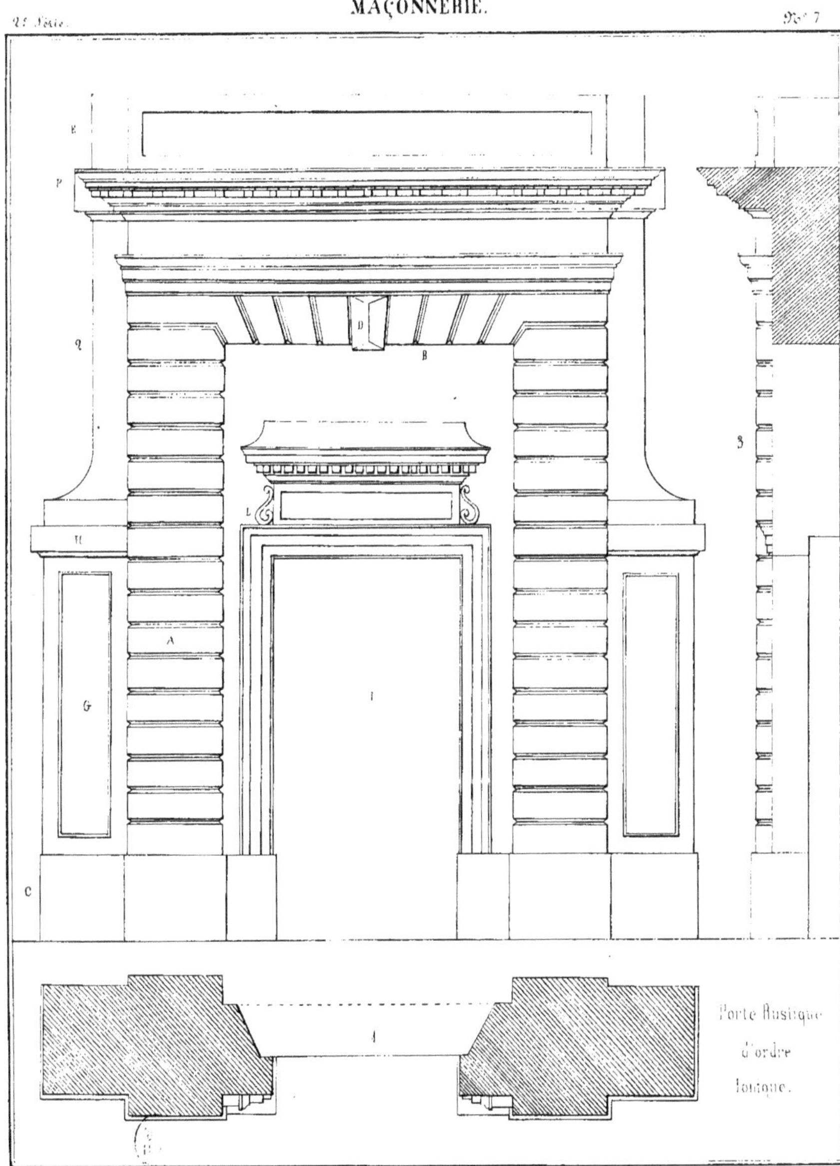
E
F
Q
D
B
L
H
A
G
I
C
3
Porte Rustique
d'ordre
Ionique.

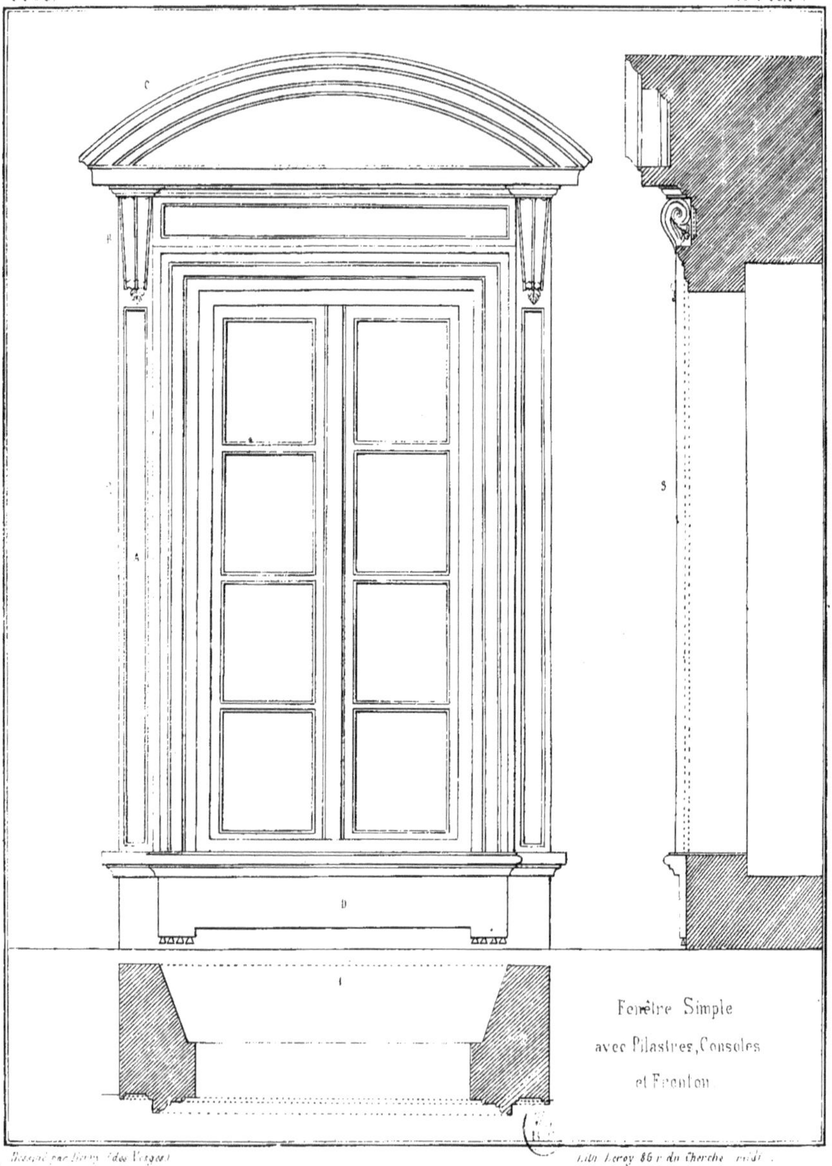

Dessiné par Borny (des Vosges) Lith. Leroy 86 r. du Cherche midi.

Huitième Leçon.

DES FENÊTRES.

PLAN, COUPE ET ÉLÉVATION D'UNE FENÊTRE.

Des Sortes de Fenêtres.

Scamozzi, après avoir comparé les fenêtres aux yeux de l'animal par où la lumière se communique aux parties d'un bâtiment, dit qu'il doit y en avoir autant d'un côté que de l'autre. Les fenêtres du devant doivent répondre à celles du derrière, et celles du côté droit à celles du côté gauche. De même qu'on distingue trois sortes de portes, on peut ranger les fenêtres en trois classes : 1° les *grandes* que l'on emploie pour les vitraux des églises, pour les arcades des galeries et pour les principales fenêtres des salons; 2° les *moyennes* qui éclairent les appartements ; 3° et les *petites* qui servent pour les entresols, pour les mansardes, et pour les moindres pièces, comme les cabinets, les garde-robes, etc. Les fenêtres se ferment ou en arc ou carrément, elles reçoivent les mêmes ornements que les portes. La hauteur des fenêtres doit être proportionnée à celle des chambres principales. En général les fenêtres du premier étage doivent être les plus hautes, elles peuvent avoir deux fois et demie leur largeur; celles du second étage peuvent avoir deux fois leur largeur, et celles du troisième étage une fois et demie de cette largeur qui doit être la même pour toutes les fenêtres d'une même façade, et l'on doit observer que les fenêtres répondent à plomb les unes sur les autres et que leurs appuis et leurs linteaux soient au même niveau en chaque étage.

Construction.

Voici les mesures d'une fenêtre avec appui, pilastres, consoles, frise, corniche et fronton circulaire :

La hauteur de la baie est double de sa largeur ; le chambranle a le sixième de cette largeur ; la frise et la corniche ont également chacune le sixième de la largeur de la baie; les pilastres A de chaque côté du chambranle ont le huitième seulement de la largeur de la baie ; les consoles B qui sont d'un beau contour ont la même largeur que les pilastres; le fronton C qui est circulaire a de hauteur les deux neuvièmes de la longueur de la corniche prise sur le filet de la gouttière. L'appui D ou seuil est simple, il est détaché du chambranle en avant-corps, et il règne en arrière-corps au-dessous des pilastres.

Les moulures qui ornent les piédroits et le linteau du chambranle sont : 1° vers l'ouverture, une plate-bande ; 2° une baguette ; 3° une autre plate-bande plus large que la première ; 4° une baguette; 5° un quart de rond ; 6° et un filet. Les pilastres et la frise sont ornés d'un panneau à glace entouré d'une petite baguette. La corniche est composée des moulures suivantes : 1° d'un quart de rond entre deux filets; 2° d'un larmier avec sa règle; 3° d'une doucine avec son filet. Ces dernières moulures ne font point partie de la corniche, mais elles appartiennent au fronton. Le seuil est couronné d'un astragale entre deux filets sur un congé.

La fig. 1re représente le plan ; la fig. 2, l'élévation ; et la fig. 3, la coupe.

Neuvième Leçon.

—

DES NICHES.

PLAN, COUPE ET ÉLÉVATION D'UNE NICHE.

Des sortes de Niches.

Les Niches sont des renfoncements pris dans les épaisseurs des murs. Dans les niches on place des statues ou autres objets de sculpture. Il y a deux sortes de niches : 1° les *petites* qui servent pour les statues en pied, nues ou vêtues et posées seules; 2° les *grandes* qui sont pour les groupes ou figures jointes ensemble par quelques-unes de leurs parties ou pour des colosses. Les niches ont des ornements différents, et sont simples ou riches, selon la décoration de l'édifice. On leur donne, comme aux portes et aux fenêtres, des piédroits, des impostes, des pilastres, des consoles, des entablements et des frontons. Quant à la forme des niches, il y en a qui sont cintrées par leur plan et par leur fermeture; d'autres qui sont carrées et qui, étant renfoncées d'une certaine profondeur dans le corps du mur, sont fermées carrément. La plus belle proportion d'une niche est celle qui a en hauteur deux fois et demie sa largeur, et qui est creusée en demi-cercle. Les niches carrées ou requardres doivent avoir la même profondeur que les rondes, c'est-à-dire la moitié de leur largeur. Le bas des niches doit ordinairement poser sur les appuis des fenêtres, ou bien on l'orne d'un piédestal d'une médiocre saillie en dehors, à moins que la statue n'avance beaucoup le pied en avant.

Construction.

• Voici les mesures d'une niche de la plus belle proportion :

L'ouverture de la baie A qui est cintrée par son plan et par sa fermeture a de hauteur deux fois et demie sa largeur. Cette niche est ornée d'un chambranle dont la largeur est égale au sixième de celle de la baie ; à chaque côté de ce chambranle sont placés en arrière-corps deux pilastres simples B dont la largeur est égale au huitième de la largeur de la baie; au-dessus du linteau ou architrave est la frise C dont la largeur est égale à celle du chambranle; cette frise est ornée dans sa face d'un panneau à glace entouré d'une petite baguette, et à ses extrémités de deux petits ornements en forme de croissant; au-dessus des pilastres sont placées deux petites consoles D d'un beau profil qui supportent la corniche ; ces consoles occupent en hauteur la frise et le linteau. La corniche E a la même hauteur que la frise, elle est composée de trois parties principales : 1° d'un talon entre deux filets ; 2° d'un larmier avec sa règle ; 3° et d'un cymaise avec son filet. Le fronton G qui est triangulaire a de hauteur les deux neuvièmes de la longueur de la corniche. Dans le haut de la plate-bande qui existe entre l'ouverture cintrée de la niche et le chambranle, on peut dessiner deux rosaces pour remplir le vide. Le bas de cette niche repose sur un piédestal simple H peu saillant dont la hauteur est égale au sixième de la hauteur de la baie. Dans l'intérieur de la niche est placé sur ce piédestal un piédouche I destiné à recevoir la statue.

La fig. 1re représente le plan; la fig. 2, l'élévation; la fig. 3, la coupe.

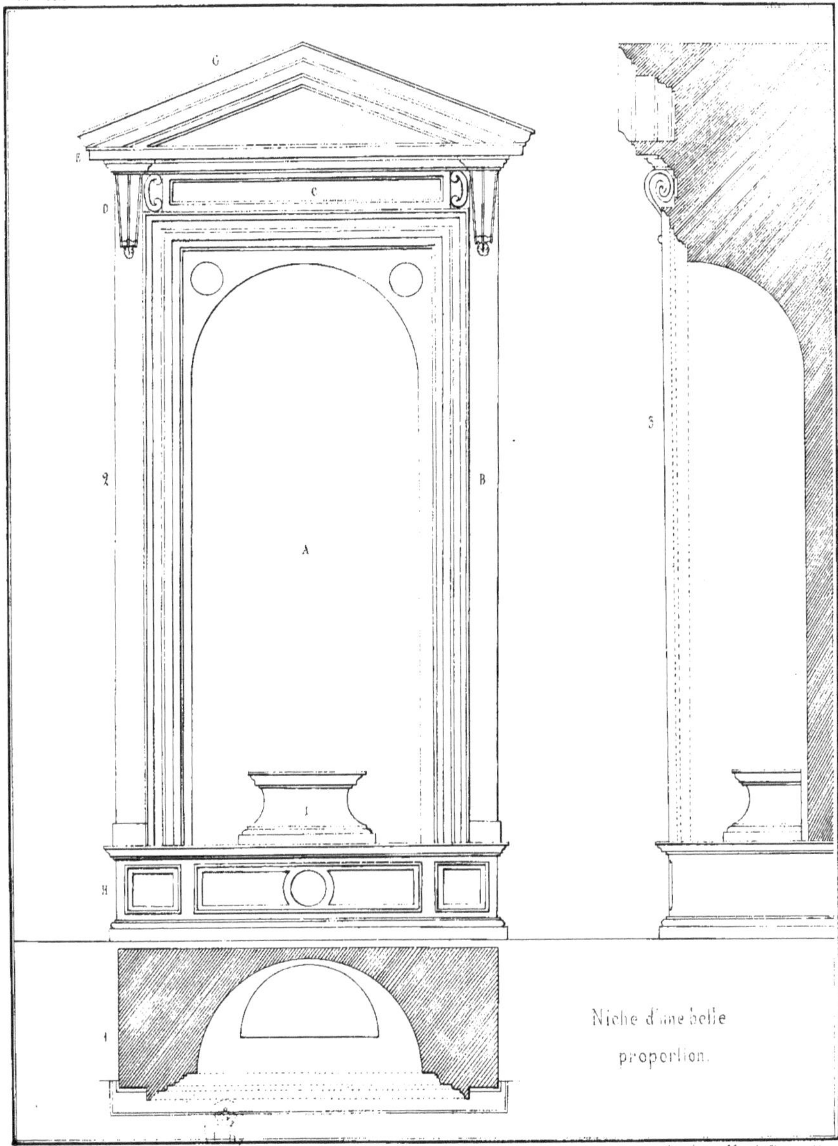

Niche d'une belle proportion.

Dessiné par Henry (des Vosges)

Lith. Leroy 16 r. du Cherche midi

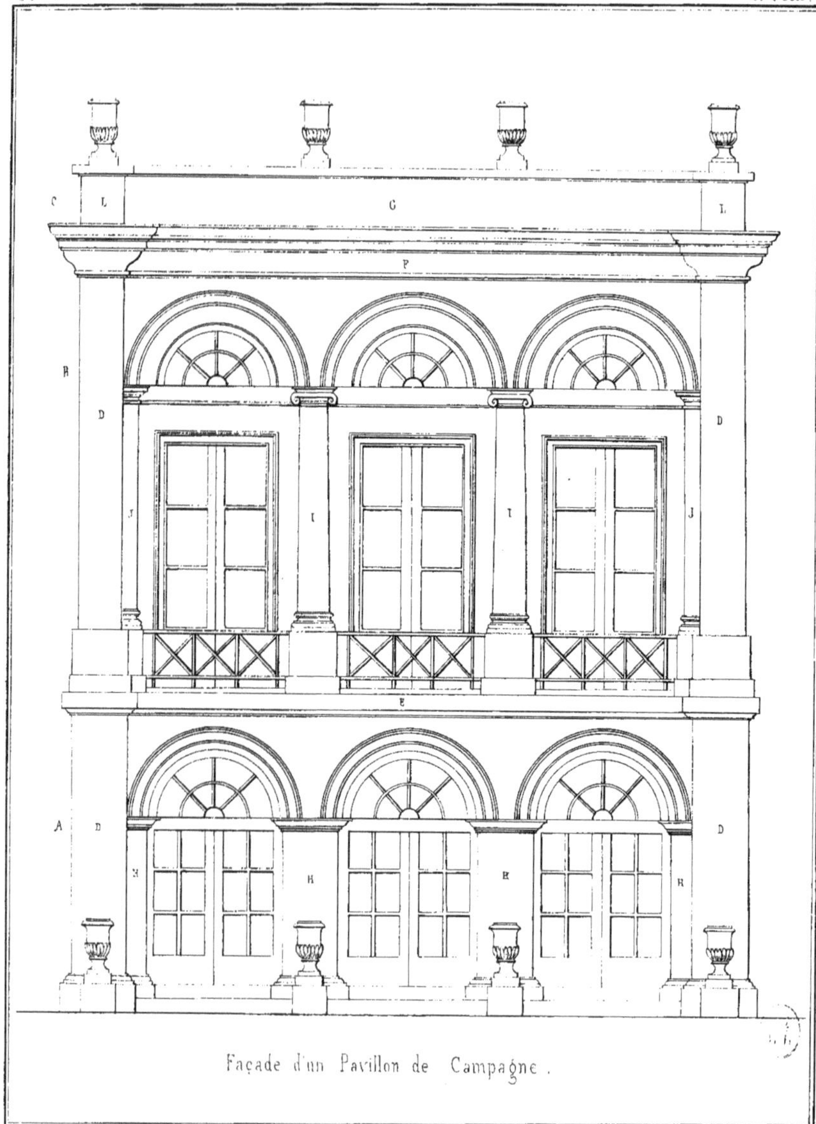

Façade d'un Pavillon de Campagne.

Dixième Leçon.

DES FAÇADES.

ÉLÉVATION OU FAÇADE D'UN PAVILLON DE CAMPAGNE.

Cette façade, simple et élégante, convient à une petite maison de campagne; elle se compose 1° d'un *rez-de-chaussée* A; 2° d'un *premier étage* B; 3° d'*une terrasse* C. Deux pilastres D s'élèvent à chaque extrémité de la façade; un bandeau E, composé d'une plate-bande sur un petit talon orné de son filet, sépare le rez-de-chaussée du premier étage et sert de palier à un balcon; une corniche F couronne le premier étage.

Le *rez-de-chaussée* est élevé de deux marches au dessus du niveau du terrain, il est percé de trois baies de portes en arcs élevées sur des piles ou piédroits H avec bases et impostes doriques; au-devant des deux trumeaux du milieu et des pilastres des extrémités sont placés, sur un socle, quatre vases Médicis.

Le *premier étage* est également percé de trois baies de portes-croisées carrées, surmontées d'arcs établis sur deux colonnes I et sur deux piles J d'ordre ionique. Le bas du premier étage est orné d'un balcon jusqu'à la hauteur des socles ou piédestaux des colonnes. On pourrait, au besoin, faire un second étage des arcs qui surmontent les fenêtres carrées du premier étage.

La *terrasse* au-dessus de cet étage n'est ornée que d'un socle tout uni, aux extrémités duquel sont placés deux petits acrotères L qui répondent à plomb des pilastres principaux. Quatre vases semblables à ceux du rez-de-chaussée décorent le haut de cette terrasse.

Les pilastres font ressaut sur le bandeau et sur la corniche, ils pourraient être ornés de panneaux dans leur face.

Construction.

Pour construire cette façade, l'élève tracera d'abord une horizontale pour la base et une verticale qui passera par le milieu de la façade; il marquera, par des horizontales, la hauteur du socle du bas, celle du bandeau qui sépare le rez-de-chaussée du premier étage, celle de la corniche et celle du socle de la terrasse; cela fait, il tracera trois verticales passant aux centres des portes, quatre autres verticales passant au milieu des pilastres, des piédroits et des colonnes; il dessinera ensuite les piédroits du rez-de-chaussée, les colonnes du premier étage, et les pilastres des extrémités, puis il décrira les arcs des portes et des fenêtres et il fera la division des carreaux telle que l'indique le dessin, enfin il terminera par le profil des moulures du bandeau et de la corniche et par le tracé des vases du bas et du haut.

Onzième Leçon.

—

SUITE DES FAÇADES.

ÉLÉVATION OU FAÇADE D'UNE MAISON BOURGEOISE.

Cette façade de goût moderne se compose : 1° d'un *rez-de-chaussée* A ; 2° d'un *entre-sol* B ; 3° d'un *premier étage* C ; 4° d'un *second* D ; 5° d'un *troisième* E ; 6° et d'un *quatrième* F. Les croisées du premier, du second et du troisième étage reposent sur un bandeau ou appui composé de deux plates-bandes et d'un petit talon ; les fenêtres du quatrième étage ont pour appui la corniche de la façade, et celles du rez-de-chaussée reposent sur un socle qui sert de soubassement.

A chacune des extrémités du rez-de-chaussée et jusqu'à la hauteur du premier étage est percée une grande baie de porte cochère en arc dont la hauteur est double de la largeur ; les jambages ou piédroits occupent la hauteur du rez-de-chaussée et l'archivolte celle de l'entresol. Entre ces deux grandes portes cochères sont percées, au rez-de-chaussée, trois autres petites baies de croisées également en arc avec chambranle circulaire orné de moulures ; le reste du rez-de-chaussée est distribué par assises de bossages. L'entresol est également percé de trois petites fenêtres simples carrées, placées à plomb de précédentes et reposant sur un simple bandeau qui est de niveau avec les impostes des deux grandes portes cochères.

Tous les autres étages sont percés de cinq fenêtres chacun, dont la largeur est la même partout, mais dont la hauteur diminue selon que les étages sont placés haut. Les fenêtres du premier étage sont ornées d'un chambranle avec moulures, frise, corniche et fronton ; celles du second étage n'ont pas de fronton ; celles du troisième et du quatrième étage n'ont qu'un chambranle sans frise, ni corniche, ni fronton. Le comble G est distribué en mansardes qui reçoivent le jour par des fenêtres appelées tabatières, ménagées dans la toiture.

A chaque côté des fenêtres des extrémités sont placés, dans tous les étages, de petits pilastres peu saillants, divisés en panneaux ; lesquels pilastres répondent à l'aplomb des jambages des deux grandes portes cochères du rez-de-chaussée.

Construction.

Après avoir tracé une horizontale pour la base, l'élève tracera des verticales équidistantes, passant au centre de chaque fenêtre ; il marquera par des horizontales la hauteur de tous les bandeaux, du socle et de la corniche, puis il dessinera au rez-de-chaussée les deux grandes baies de portes cochères, les trois fenêtres de l'entresol et du rez-de-chaussée, ensuite toutes les fenêtres des autres étages avec leurs chambranles, moulures, corniches et frontons, et il terminera par le dessin des pilastres et des autres petits détails.

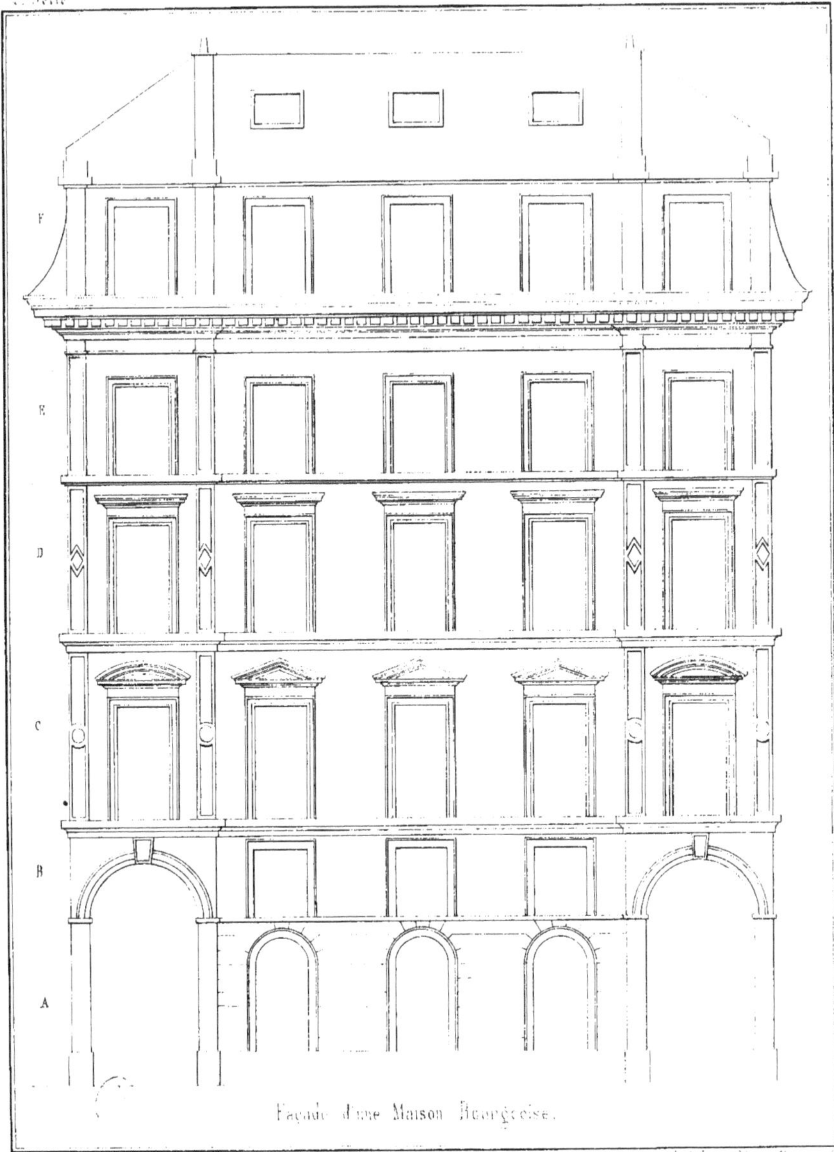

Façade d'une Maison Bourgeoise.

par Henry (des Vosges)

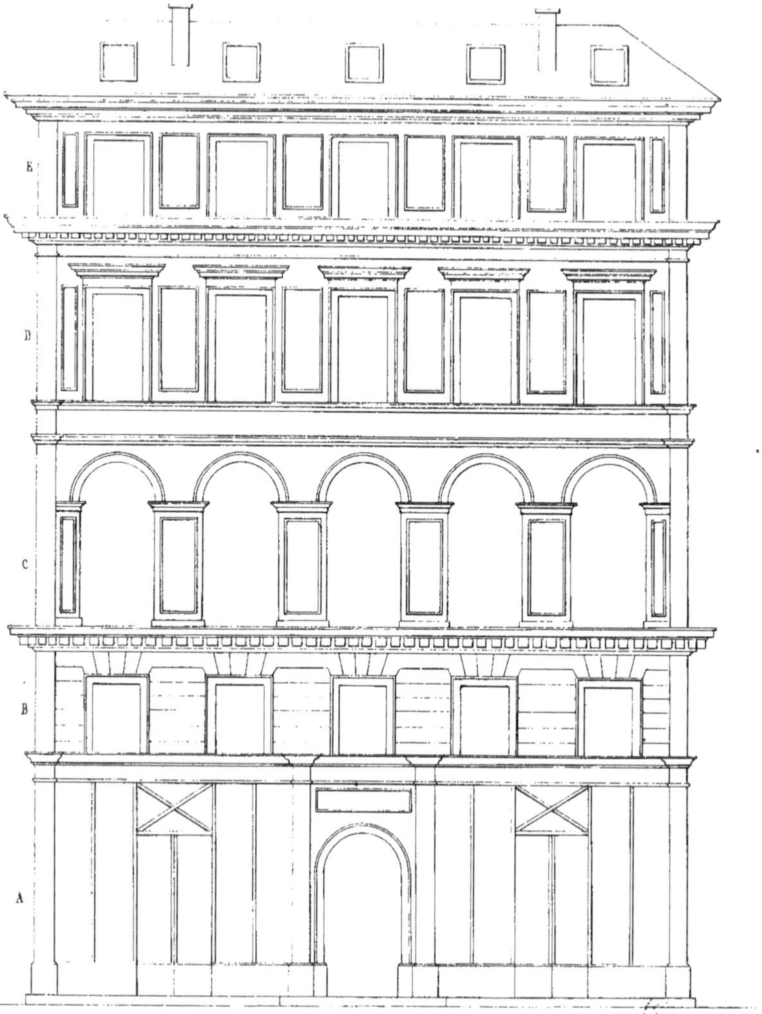

E

D

C

B

A

Façade d'une Maison Moderne.

Dessiné par Henry (des Vosges.) Lith. Leroy. 86. r. du cherche midi.

Douzième Leçon.

—

SUITE DES FAÇADES.

ÉLÉVATION OU FAÇADE D'UNE MAISON RICHE.

Cette façade riche se compose : 1° d'un *rez-de-chaussée* A ; 2° d'un *entresol* B ; 3° d'un *premier étage* C ; 4° d'un *second étage* D ; 5° d'un *troisième* E.

Le rez-de-chaussée est percé au milieu d'un baie de porte en arc, placée entre deux pilastres simples; entre le haut de cette porte jusque sous l'astragale on a pratiqué un tableau F dans lequel on peut mettre une inscription ; à chaque extrémité du rez-de-chaussée il y a un pilastre semblable aux précédents et le reste est disposé en devanture de magasin.

L'entresol est percé de cinq baies de petites croisées dont le chambranle est orné de moulures, le reste de l'entresol est distribué par assises de bossages. Une corniche composée des moulures suivantes : un talon, un filet, des denticules, un filet, un larmier et sa règle, sépare l'entresol du premier étage et sert d'appui aux trumeaux des croisées de ce dernier étage.

Le premier étage est percé de cinq grandes croisées en arcs dont la hauteur est double de la largeur. Les trumeaux qui supportent les arcs sont ornés d'un panneau dans leur face; leurs impostes sont composées d'une plate-bande, d'un talon et d'un filet. Un double bandeau sépare les croisées du premier étage de celles du second.

Le second étage est percé de cinq baies de croisées ordinaires, dont la hauteur est double de leur largeur; le chambranle est orné de moulures, d'une frise et d'une corniche; entre chaque croisée de cet étage et de celles du troisième, il y a un panneau incrusté dans le mur, répondant à plomb des panneaux des trumeaux du premier étage. Une corniche d'ordre ionique couronne le second étage et sert d'appui aux fenêtres du troisième, lesquelles sont simplement ornées d'un chambranle avec moulures. Une autre corniche, un peu moins riche que la précédente; reçoit le comble qui est distribué en mansardes avec des fenêtres carrées. Les extrémités de cette façade sont décorées de pilastres dans tous les étages; ces pilastres pourraient être ornés de panneaux.

Construction.

L'élève tracera d'abord autant d'horizontales qu'il sera nécessaire pour former le socle du bas, les bandeaux et les corniches, puis cinq verticales passant par le centre des fenêtres; ensuite il dessinera les pilastres du rez-de-chaussée, la porte et les devantures de magasin; cela fait, il s'occupera des fenêtres et des bossages de l'entresol, puis de la corniche, ensuite il déterminera la hauteur des fenêtres du premier étage dont il tracera les arcs et les trumeaux; il continuera ainsi de suite, en prenant chaque étage l'un après l'autre, et il terminera par le profil des moulures des corniches et des bandeaux.

———

Treizième Leçon.

—

SUITE DES FAÇADES.

ÉLÉVATION D'UN PORTAIL D'ÉGLISE.

Dans la composition de ce portail on rencontre les trois ordres grecs : le *dorique* au rez-de-chaussée, l'*ionique* au premier étage, et le *corinthien* au second. Les colonnes sont accouplées dans tous les étages pour plus de solidité et pour plus de magnificence.

Le rez-de-chaussée est percé au milieu d'une grande porte d'entrée en arc A, et dans les collatéraux de deux autres baies de petites portes B carrées, surmontées d'un fronton circulaire ; au-dessus de ces petites portes, et dans l'espace qui existe entre l'imposte et l'architrave, on a pratiqué des tableaux C avec corniche et panneau ; huit colonnes d'ordre dorique accouplées séparent les trois portes dont on vient de parler et portent un entablement du même ordre; un fronton triangulaire, placé au-dessus de la porte principale, termine ce rez-de-chaussée.

Le premier étage est percé au milieu d'une grande baie de croisée en arc D et dans les collatéraux de deux niches E circulaires par leur plan et par leur fermeture ; huit colonnes d'ordre ionique, accouplées et élevées sur un piédestal, séparent la fenêtre et les deux niches précédentes et supportent un entablement du même ordre.

Le second étage, ou le beffroi, est percé d'une grande baie de croisée F placée entre quatre colonnes d'ordre corinthien accouplées, et répondant à l'aplomb des colonnes des deux autres étages. Un fronton circulaire, surmonté d'une boule et d'une croix sur un piédouche, termine cet édifice.

Construction.

L'élève tracera d'abord une horizontale pour la base et trois verticales, passant par le milieu des trois portes; ensuite il marquera la hauteur de chaque ordre, en indiquant, par des horizontales, celle des piédestaux, des colonnes et des entablements; il tracera des verticales, passant au centre de chaque colonne. Cela fait il dessinera les ordonnances telles que l'indique le dessin, puis il tracera les frontons et terminera par le tracé des portes, des fenêtres, des niches et des autres ornements.

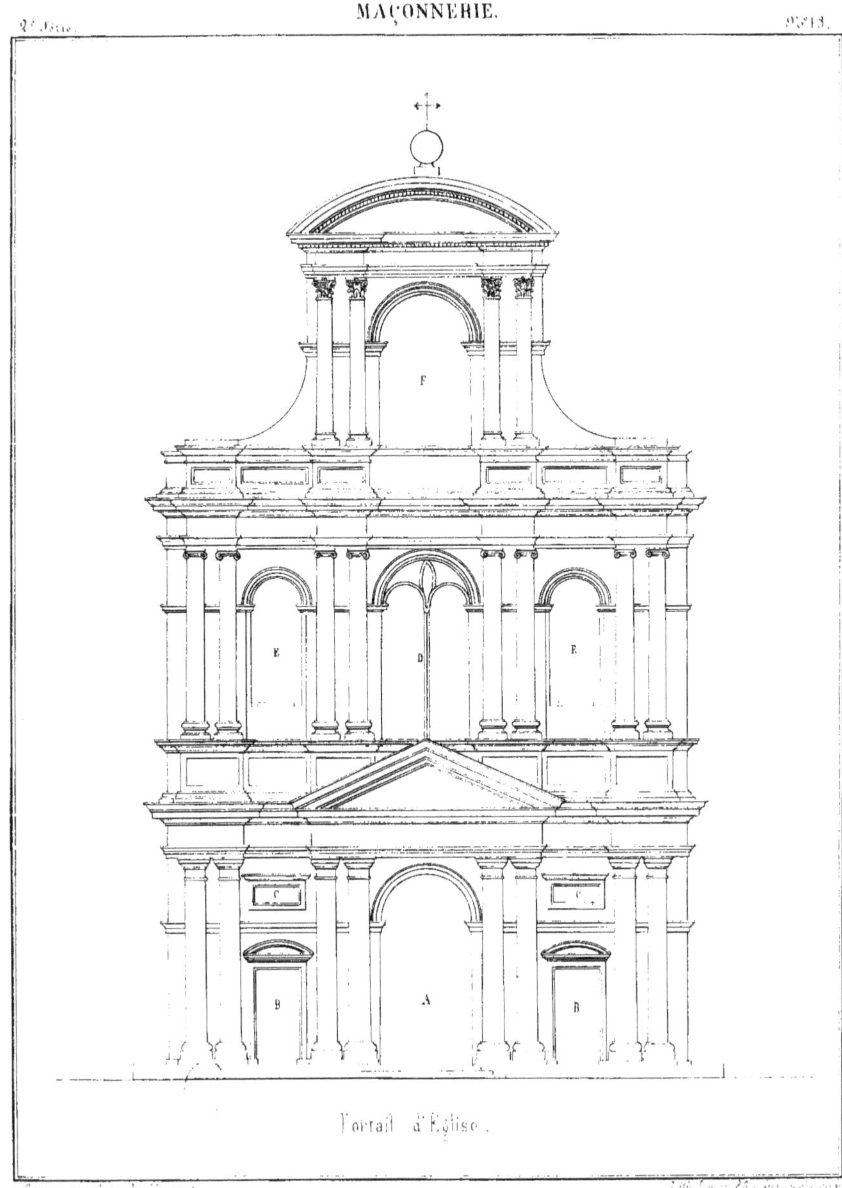

Portail d'Église.

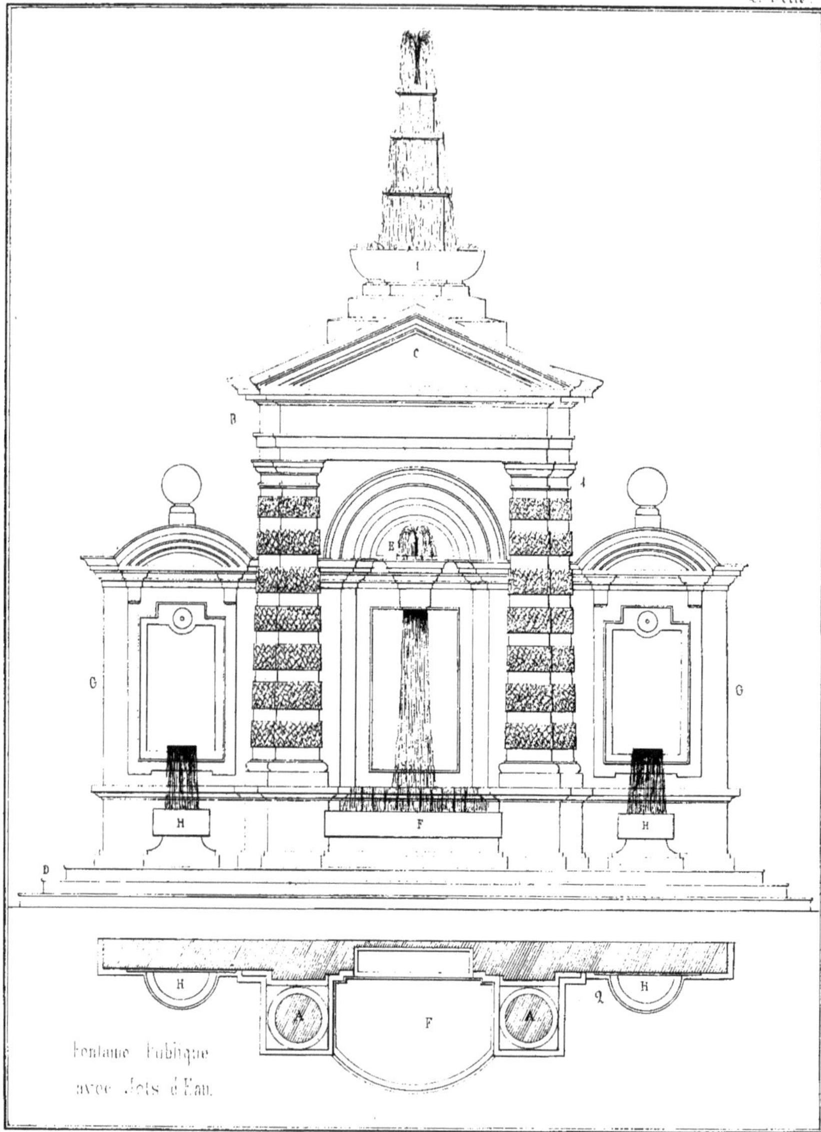

Fontaine Publique
avec Jets d'Eau.

Quatorzième Leçon.

—

DES FONTAINES.

PLAN ET ÉLÉVATION D'UNE FONTAINE PUBLIQUE AVEC JETS-D'EAU.

Cette fontaine d'ordre toscan, présentant peu de saillie, pourrait se placer dans l'alignement d'une rue, ou s'adosser contre le mur d'une place publique.

Deux colonnes A détachées et ornées de larges bandes rustiquées forment un avant-corps qui supporte l'entablement B au-dessus duquel est placé un fronton triangulaire C. Les mesures de ces colonnes sont celles de l'ordre toscan de Vignole.

Les piédestaux et tout le placard de la fontaine sont élevés de trois marches D au-dessus du niveau du terrain.

Entre les deux colonnes détachées et dans l'intérieur du placard est ouvert une baie de niche circulaire dans laquelle est placée un jet-d'eau E dont les eaux retombent dans le bassin principal de la fontaine.

A chaque côté du placard de la fontaine et jusque sous l'imposte sont placés, en arrière-corps, des lambris en maçonnerie G avec corniche et fronton circulaire; au bas du panneau de ces lambris sortent des tuyaux dont les eaux sont reçues dans de petits bassins H demi-circulaires.

Enfin au-dessus du fronton principal de la fontaine est placé un récipient I qui reçoit les eaux de trois autres bassins placés au-dessus par amphithéâtre. Un jet-d'eau sortant de l'extrémité du bassin supérieur amène les eaux dans ce bassin, le surplus retombe dans le second bassin, l'excédant du second arrive dans le troisième et enfin l'excédant de celui-ci retombe dans le récipient I. La simple inspection de ce dessin suffit pour en comprendre tous les détails.

Construction.

L'élève tracera d'abord les trois marches D, ensuite il élèvera cinq verticales passant l'une au centre de la fontaine, deux autres au centre des colonnes A et les deux autres au centre des lambris G; ensuite il dessinera l'ordre toscan tel que l'indique le dessin; cela fait, il tracera les trumeaux et les archivoltes de la niche, puis les lambris avec tous leurs détails, ensuite il dessinera au-dessus du fronton la coupe et les bassins superposés, il terminera enfin par le tracé des trois bassins F et H et par le dessin du plan.

PARAGRAPHE II. — MARBRERIE.

Quinzième Leçon.

DES CHEMINÉES.

Les CHEMINÉES sont des ouvertures prises ordinairement dans les épaisseurs des murs pour faire du feu. Les cheminées sont simples ou riches et reçoivent différents noms selon leur forme et selon la richesse de leurs ornements. Les cheminées à capucines et les cheminées à revêtements sont appelées *simples;* les cheminées à colonnes, les cheminées à griffes de lion, les cheminées galbées, les cheminées à consoles sont appelées *riches.*

Dans une cheminée quelconque on remarque les parties suivantes : 1° les *socles* A ; 2° les *jambages* B ; 3° la *traverse* C ; 4° la *tablette* E ; 5° le *contre-chambranle* D.

PLAN, COUPE ET ÉLÉVATION D'UNE CHEMINÉE A CONSOLES (FIG. 1, 2 ET 3.)

Construction.

L'élève tracera une horizontale pour la base et une verticale qui partagera la cheminée en deux parties symétriques; ensuite il dessinera les jambages B et le socle A, puis la traverse C, enfin la tablette E; il donnera aux jambages et à la traverse le huitième de la largeur de la cheminée. Il remarquera : 1° que les socles sont tout unis; 2° que le haut des jambages est surmonté d'une petite console avec corniche; 3° que le reste des jambages au-dessous de la console est orné de deux panneaux séparés par une rosace; 4° que la traverse est ornée également de deux panneaux séparés par une rosace; 5° que les jambages font ressaut sur la traverse, ce qui donne une espèce de mutule carrée dans laquelle on peut placer une rosace; 6° que la traverse fait une corniche composée des moulures suivantes : un filet, une doucine et sa règle; 7° enfin que le contre-chambranle, dont la traverse du haut est bombée, est évasé et orné d'un petit chambranle F à son ouverture.

PLAN, COUPE ET ÉLÉVATION D'UNE CHEMINÉE GALBÉE (FIG. 4, 5 ET 6.)

Construction.

L'élève fera une opération analogue au dessin précédent; il remarquera : 1° que les socles de cette cheminée sont ornés d'une doucine renversée entre deux filets; 2° que les jambages qui sont galbés dans le dessin de la coupe sont ornés, dans leur face, de cannelures du haut en bas ; 3° que la traverse est décorée, dans sa face, de deux panneaux, séparés par un petit losange; 4° que les mutules au-dessus des jambages sont également ornées d'un losange; 5° que la tablette forme une corniche composée d'un filet, d'une baguette, d'un quart de rond et d'un réglet; 6° enfin que les jambages ou piédroits du contre-chambranle sont surmontés d'une imposte et que la traverse est bombée.

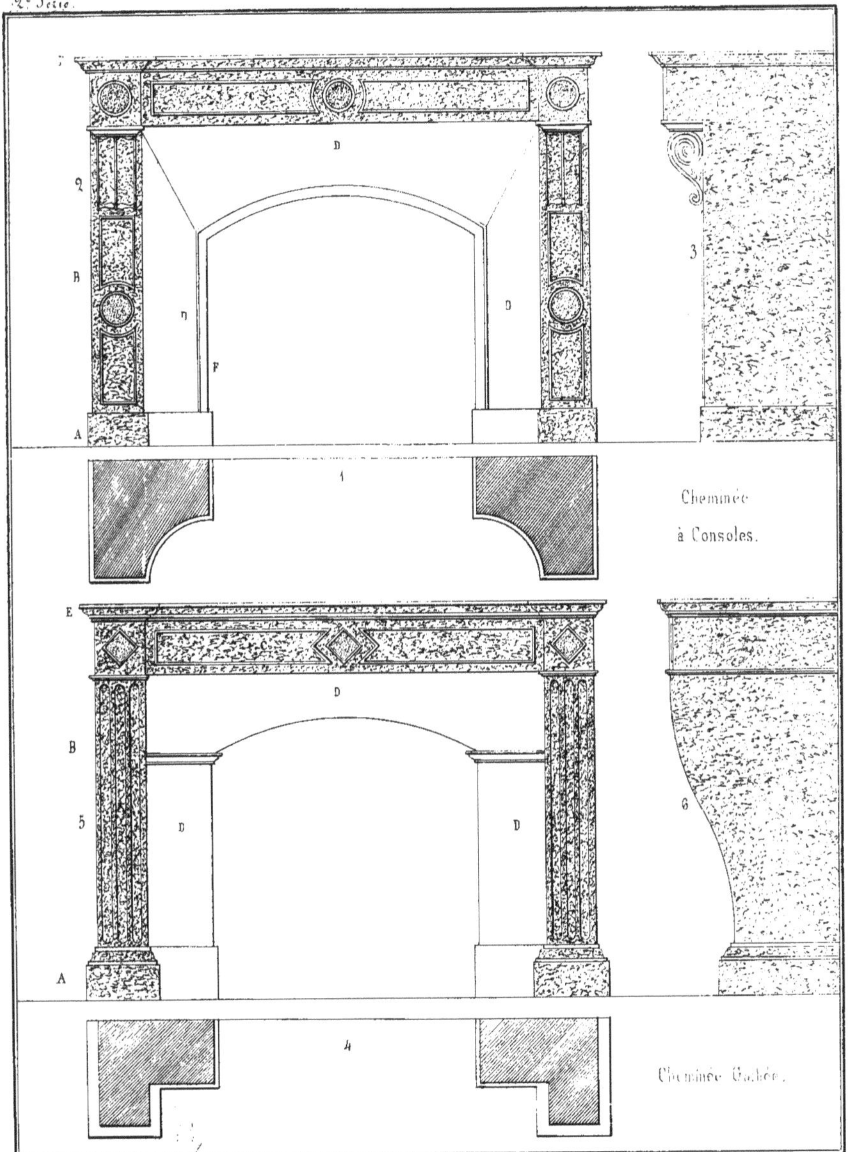

Cheminée à Consoles.

Cheminée Cachée.

Dessiné par Henry (des Vosges.)

Lith. Lavcy 30 r du Cherche-midi.

MARBRERIE.

Cippe Simple

Cippe en Ogive.

Lith. ... r. du Cherche midi

Seizième Leçon.

DES TOMBEAUX.

Les Tombeaux sont des monuments funèbres en pierre ou en marbre, employés pour rendre honneur à la mémoire d'une personne au lieu où elle est enterrée. Il existe une grande variété de monuments, les uns sont simples, tels que les pyramides, les colonnes, les cyppes, etc. ; d'autres sont plus composés, tels que les sarcophages, les tombeaux proprement dits, etc.

PLAN, COUPE ET ÉLÉVATION D'UN CYPPE SIMPLE. (Fig. 1, 2 et 3).

Un Cyppe se compose ordinairement de deux pierres longues, larges et peu épaisses ; l'une ornée de moulures et de sculptures se place verticalement, l'autre tout unie se place horizontalement devant la première et couvre la tombe.

Les parties principales de ce cyppe sont : 1° la *base* A composée d'un premier socle qui sert de soubassement, d'un second socle qui sert de plinthe, et d'une doucine renversée entre deux filets ; 2° le *fût* ou *dé* B, orné dans sa face d'un panneau avec moulures ; 3° la *corniche* C composée d'un petit talon avec son filet, d'un larmier avec sa règle et d'une doucine couronnée de son filet ; 4° le *fronton* D, composé de deux consoles placées sur un socle ; 5° et la *croix* E, placée au-dessus du fronton.

Construction.

L'élève tracera une horizontale pour la base et une verticale passant au centre du cyppe; il marquera par des horizontales la hauteur de toutes les moulures de la base et de la corniche; il déterminera ensuite la largeur du fût et il profilera avec soin toutes les moulures; il tracera le panneau du fût et l'astragale; cela fait il dessinera le socle et les consoles du fronton, puis la croix qui repose sur un piédestal; il fera ensuite le plan et la coupe.

PLAN, COUPE ET ÉLÉVATION D'UN CYPPE TERMINÉ EN OGIVE. (Fig. 4, 5 et 6).

Les parties principales de ce cyppe sont : 1° la *base* F composée d'un large socle, d'un filet, d'une scotie, d'un quart de rond renversé, d'une plate-bande et d'un talon renversé avec son filet ; 2° le *fût* G, décoré sur ses bords extérieurs d'un large filet et d'une scotie; et dans l'intérieur de deux demi-colonnes d'ordre corinthien supportant les ogives et dans sa face d'un panneau avec encadrement et moulures; 3° l'*ogive* H décorée comme le fût d'un large filet et d'une scotie sur ses bords extérieurs; 4° et la *croix* I supportée par deux petites consoles.

Construction.

L'élève tracera d'abord une horizontale pour la base et une verticale qui partagera le monument en deux parties symétriques, il dessinera ensuite la base avec toutes ses moulures, puis il tracera les bords extérieurs du fût et les ogives, il dessinera les colonnes et le panneau de l'intérieur du fût et il terminera son dessin par la croix.

Dix-septième Leçon.

—

SUITE DES TOMBEAUX.

COUPE ET ÉLÉVATION D'UN SARCOPHAGE A COLONNES. (Fig. 1 et 2).

On désigne sous le nom de SARCOPHAGE un tombeau antique ayant la forme d'un cercueil. Dans ce sarcophage on distingue : 1° la *base* A composée d'un double socle uni ; 2° la *colonne* ou *fût* B ; 3° l'*entablement* C composé d'une frise et d'une corniche simple ; 4° le *dôme* D taillé en pointe de diamant et orné à chaque angle d'un demi-fronton circulaire décoré de palmettes ; 5° la *croix* E placée au milieu du dôme.

Construction.

L'élève tracera d'abord une horizontale pour la base et une verticale passant au milieu du sarcophage ; il dessinera ensuite les deux socles de la base ; il marquera la hauteur des colonnes et des parties de l'entablement, il tracera les colonnes des extrémités avec leurs embasements et leurs chapiteaux, il profilera les moulures de la corniche ; il divisera l'intérieur du dé en trois panneaux, tel que l'indique le dessin ; il décrira un quart de cercle à chaque angle de la corniche pour former les demi-frontons qu'il raccordera au dôme ; il dessinera ensuite les palmettes, puis la croix et tous les autres petits détails.

COUPE ET ÉLÉVATION D'UN SARCOPHAGE MODERNE ET PLUS RICHE. (Fig. 3 et 4).

Dans ce sarcophage on remarque : 1 la *base* F, le *fût* ou *dé* G, la *corniche* H, le *dôme* I et l'*urne* J.

La base est composée des moulures suivantes : un grand socle, une plinthe, un tore, un autre petit tore, un filet, une doucine renversée et un filet.

Le fût est orné dans sa face d'un panneau avec encadrement et à ses angles d'un flambeau renversé.

La corniche est composée des moulures suivantes : un talon, un filet, des denticules, un filet, une doucine, un filet, un boudin et un filet.

Le dôme est creusé dans le milieu, il est orné dans sa face d'un bâton L avec culots à chaque bout et de deux consoles M qui se réunissent dans le profil au moyen d'un balustre N.

Construction.

L'élève dessinera d'abord la base avec toutes ses moulures, ensuite le fût avec son panneau et ses flambeaux, puis la corniche avec toutes ses moulures, enfin le dôme avec tous ses ornements ; cela fait, il tracera une verticale au milieu du dôme pour dessiner l'urne, et il terminera par le dessin de la coupe.

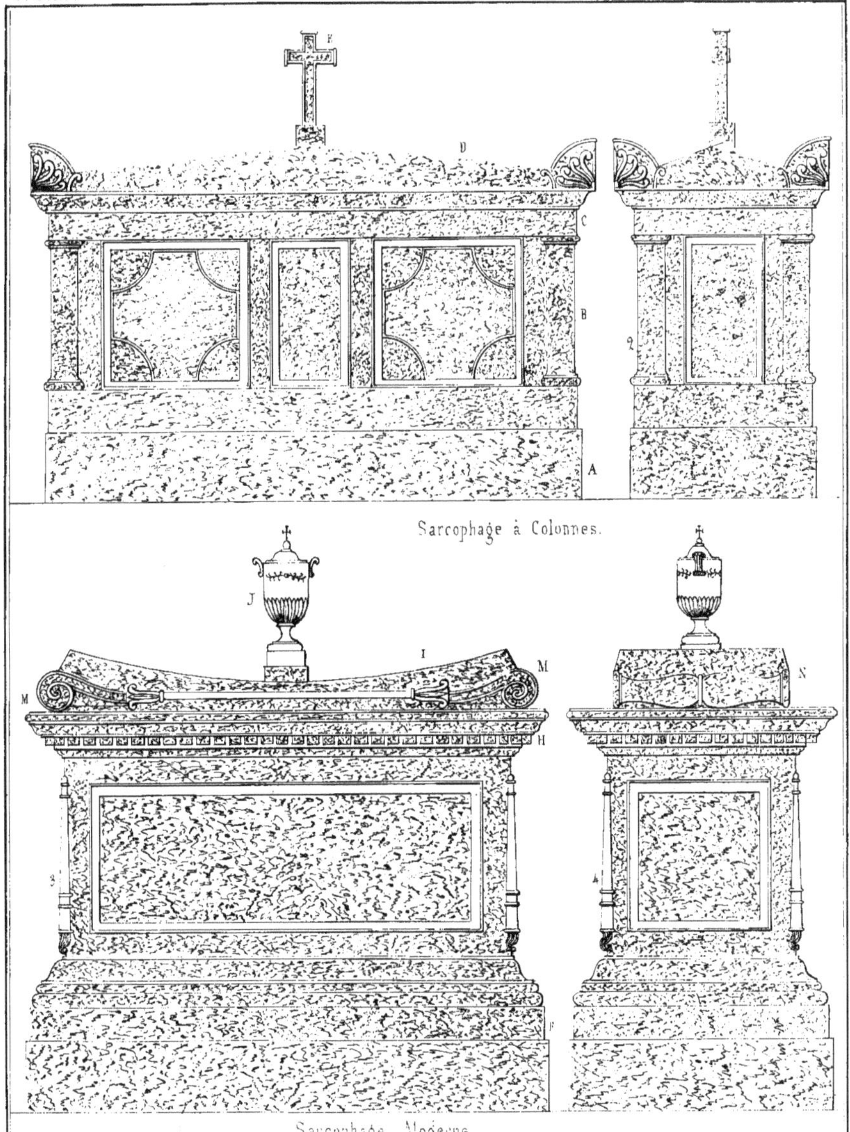

Sarcophage à Colonnes.

Sarcophage Moderne.

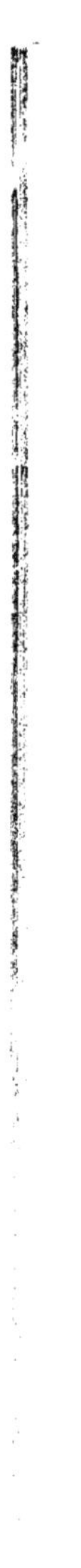

MARBRERIE.

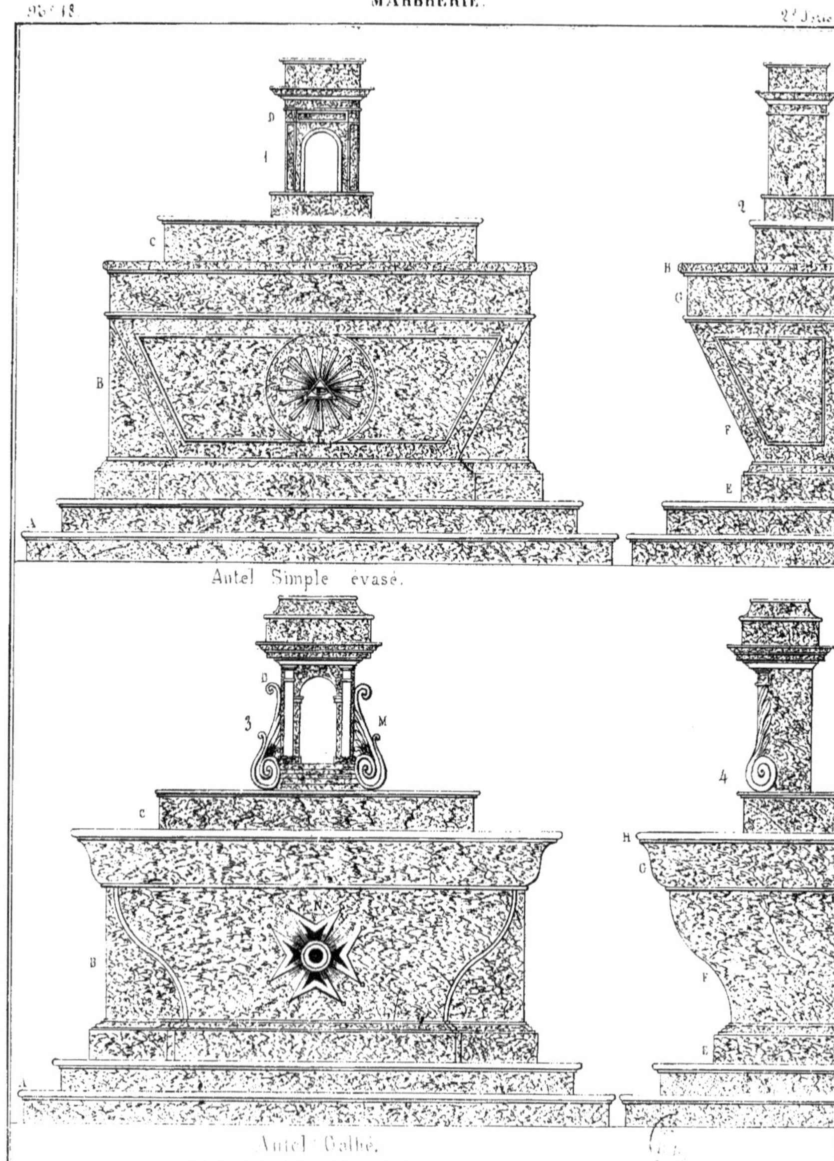

Autel Simple évasé.

Autel Galbé.

Dix-huitième Leçon.

—

DES AUTELS.

Les Autels sont des tables destinées au sacrifice divin ; on les construit en bois ou en marbre, selon la magnificence des églises ; leur forme varie à l'infini et ils sont simples ou riches. L'autel principal que l'on désigne aussi sous le nom de *maître-autel* doit être plus grand et plus décoré que les autres autels.

Les parties principales d'un autel sont : 1° le *pied* A ; 2° le *tombeau* B ; 3° le *gradin* C ; 4° le *tabernacle* D.

Le *pied* se compose d'une plate-forme placée au-devant de l'autel et élevée de deux ou trois marches qui font retour à chaque bout.

Lorsque l'autel est construit en marbre, cette plate-forme doit être décorée d'un compartiment ou d'une mosaïque ; s'il est fait en bois, on l'orne d'un parquet.

Le *tombeau* comprend quatre parties : la base ou le socle E, le dé F, la traverse G, et la tablette H. Pour donner plus d'aisance et plus de largeur à la plate-forme du pied de l'autel, on évase le dé du tombeau vers la base comme l'indiquent les deux dessins ci-contre.

Le *gradin*, qui se place en arrière-corps du tombeau, se compose d'une ou deux marches étroites sur lesquelles on place les candelabres et les canons nécessaires au service divin.

Le *tabernacle* est une petite armoire placée sur la dernière marche du gradin et dans laquelle on renferme les vases sacrés.

COUPE ET ÉLÉVATION D'UN AUTEL SIMPLE ÉVASÉ. (Fig. 1 et 2).

Construction.

L'élève tracera une horizontale pour la base et une verticale passant au milieu de l'autel ; il dessinera le pied, ensuite il déterminera la hauteur et la largeur du socle, du dé, de la traverse et de la tablette du tombeau ; il évasera le dé qu'il ornera d'un œil de gloire L, au milieu, et de deux panneaux à chaque côté ; cela fait, il dessinera le gradin, puis le tabernacle qui se compose d'une petite porte en arc entre deux pilastres et une frise au-dessus de laquelle est placée une corniche surmontée d'un socle destiné à recevoir une croix.

COUPE ET ÉLÉVATION D'UN AUTEL GALBÉ. (Fig. 3 et 4).

Construction.

L'élève fera une opération analogue à la construction précédente ; seulement il observera : 1° que le dé du tombeau est galbé, c'est-à-dire qu'il se termine en adoucissant et qu'il est orné dans sa face d'une croix N ; 2° que la traverse est composée d'une doucine droite ; 3° que le tabernacle est composé d'un portique avec jambages, colonnes et entablement ; 4° et qu'à chaque côté des colonnes de ce tabernacle sont placées deux consoles M avec feuillages.

———

Dix-neuvième Leçon.

—

DES COMPARTIMENTS ET MOSAIQUES.

Les Compartiments et les Mosaïques s'emploient pour la décoration des pavés des couloirs, des antichambres, des péristyles, des salles à manger, etc. Il existe une grande variété de compartiments; le goût est le seul guide dans le choix d'un compartiment plutôt que d'un autre; les plus beaux compartiments sont construits en marbre de différentes nuances, afin de faire mieux remarquer les figures géométriques qui entrent dans leur composition.

Nous nous bornerons ici à donner quelques exercices simples sur ce chapitre.

Construction.

1° D'UN COMPARTIMENT FAIT AVEC DES CARRÉS COMBINÉS. (Fig. 1re).

L'élève dessinera le grand carré ABCD dont il divisera chaque côté en 16 parties égales, une de ces parties lui donnera les dimensions des petits carreaux E, deux parties lui donneront la longueur des rectangles F, il tracera des lignes droites par tous les points de division du carré, il ne lui restera plus qu'à tracer les carreaux inscrits G disposés obliquement dans les grands H.

2° D'UN COMPARTIMENT FAIT AVEC DES LOSANGES AVEC FOND. (Fig. 2).

L'élève partagera d'abord chaque côté du carré ABCD en trois parties égales et il tirera les lignes de division, il obtiendra la largeur et la hauteur d'un hexagone qu'il inscrira dans chaque petit carré; cela fait, du centre de l'hexagone à chaque deux angles de celui-ci, il tirera des droites pour former les losanges, et l'opération sera faite.

3° D'UN COMPARTIMENT FAIT AVEC DES HEXAGONES ET DES TRIANGLES. (Fig. 3).

L'élève divisera les côtés verticaux AD et BC en 12 parties égales et les côtés horizontaux AB et DC en 10; il tirera des horizontales et des verticales par tous les points de division; ensuite il tirera toutes les obliques EF, et GH et son compartiment sera terminé, il ne lui restera plus qu'à distinguer les carreaux.

4° D'UN COMPARTIMENT FAIT AVEC DES OCTOGONES ET DES CARRÉS. (Fig. 4).

L'élève divisera chaque côté du carré ABCD en quatre parties égales, et en tirant des lignes de division, il obtiendra les seize grands carrés E dont il coupera les angles par d'autres petits carreaux F; cela fait, son compartiment sera composé d'octogones et de petits carrés, il n'aura plus qu'à inscrire un autre octogone dans le premier.

5° D'UNE MOSAIQUE EN POINT DE HONGRIE. (Fig. 5).

L'élève partagera le grand carré ABCD en quatre autres carrés égaux; il tirera deux diagonales AC et BD; il partagera ensuite chaque petit carré en parties égales, et il ne lui restera plus qu'à mener des parallèles qui devront s'arrêter sur les diagonales et sur les divisions intérieures du grand carré.

6° D'UNE MOSAIQUE COMPOSÉE DE CARRÉS INSCRITS ET DE GRECQUES OU GUILLOCHIS. (Fig. 6).

L'élève partagera d'abord chaque côté du grand carré ABCD en cinq parties égales, il obtiendra la place des carrés inscrits et des grecques qui sont disposés en quinconce; il partagera de nouveau chaque petit carré en six parties et il obtiendra toutes les lignes nécessaires à la construction de cette mosaïque.

MARBRERIE.

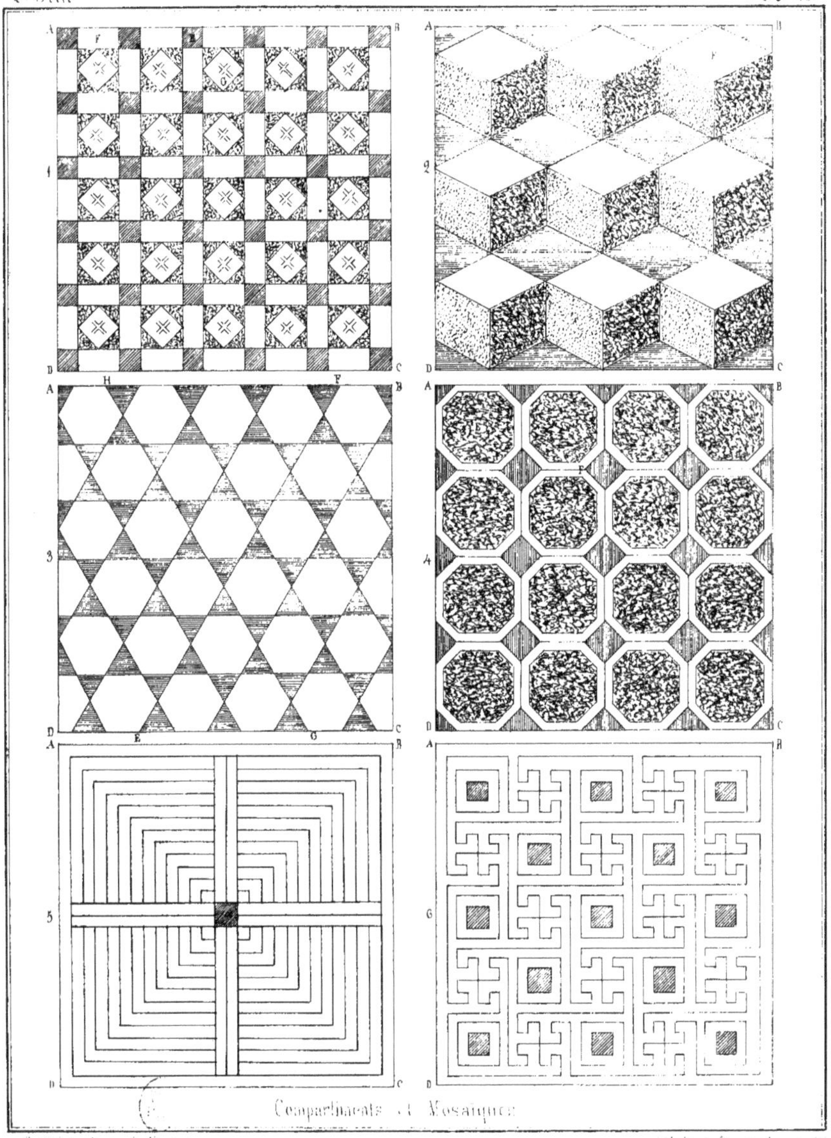

Compartiments et Mosaïques

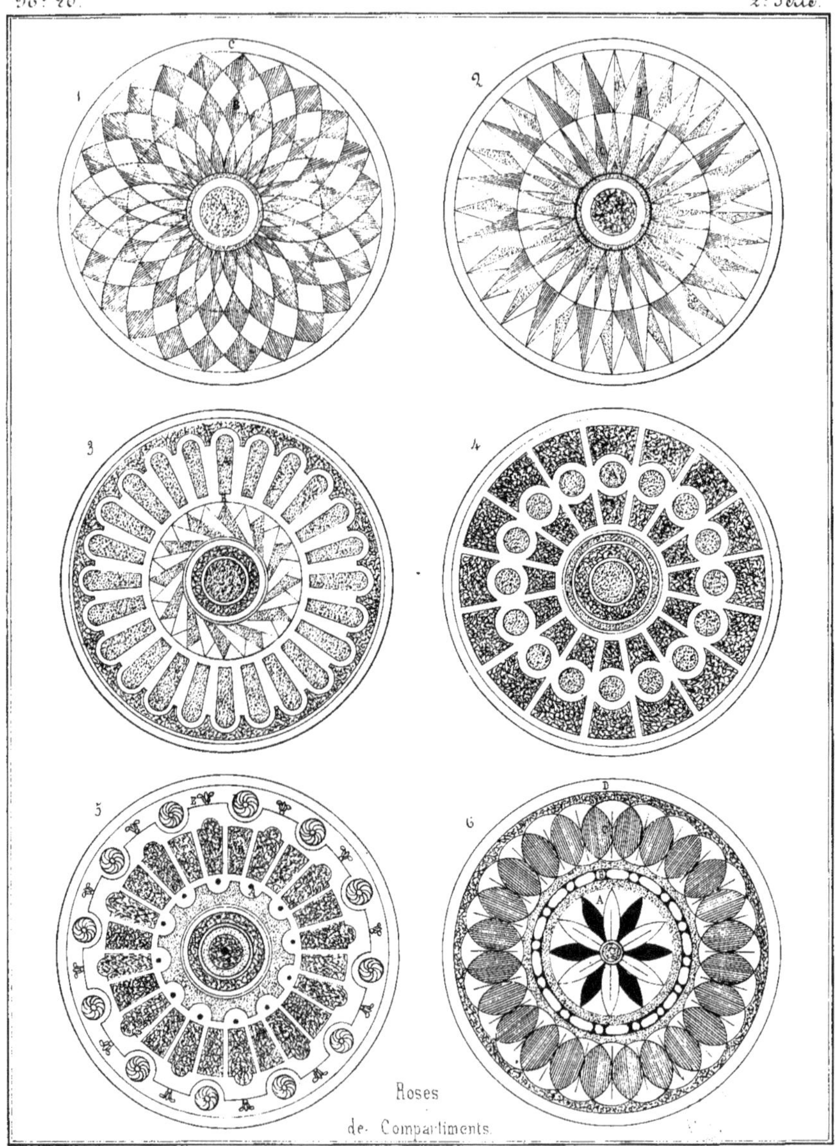

Roses de Compartiments.

Dessiné par Haury (des Vosges).

Vingtième Leçon.

—

SUITE DES COMPARTIMENTS ET MOSAIQUES.

Construction.

1° D'UNE ROSE DE COMPARTIMENT GÉOMÉTRIQUE. (Fig. 1.)

L'élève dessinera d'abord les trois petites circonférences concentriques A; il tracera une autre circonférence plus éloignée B qu'il divisera en vingt-quatre parties égales; chaque point de division sera le centre des arcs qui se couperont à droite et à gauche en formant des feuilles géométriques; cela fait, il tracera les deux circonférences extérieures C.

2° D'UNE ROSE DE COMPARTIMENTS ÉTOILÉS. (Fig. 2.)

L'élève tracera d'abord toutes les circonférences concentriques, petites et grandes, qu'il divisera en seize parties égales; il dessinera ensuite les feuilles principales de l'intérieur A et B; ensuite il partagera en deux la distance d'une feuille à l'autre, et il dessinera les feuilles superposées C et D, et l'opération sera faite.

3° D'UNE ROSE DE COMPARTIMENTS AVEC PANNEAUX ET FEUILLES ÉTOILÉES. (Fig. 3.)

L'élève ayant tracé toutes les circonférences concentriques, les partagera en vingt-quatre parties égales, il obtiendra les centres A des cintres des panneaux et la pointe B des feuilles étoilées; cela fait, il tracera le cintre et la traverse des panneaux; il dessinera ensuite les panneaux tels que l'indique le dessin, et il terminera par le tracé des feuilles étoilées qu'il superposera l'une sur l'autre.

4° D'UNE ROSE DE COMPARTIMENTS AVEC PANNEAUX ET ROSACES AU MILIEU. (Fig. 4.)

L'élève ayant tracé toutes les circonférences concentriques et les avoir partagées en seize parties égales par des rayons, décrira une autre circonférence A passant par le centre des rosaces; cela fait, des points de division de cette dernière circonférence il tracera toutes les rosaces et les cintres des panneaux, il n'aura plus ensuite qu'à déterminer par des droites la largeur de ces panneaux.

5° D'UNE ROSE DE COMPARTIMENTS AVEC PANNEAUX ET BORDURES. (Fig. 5.)

L'élève, comme précédemment, décrira toutes les circonférences concentriques, qu'il partagera en vingt-quatre parties égales; il dessinera les demi-circonférences A de la bordure intérieure, puis celles B de la bordure extérieure; il tracera ensuite les panneaux C et D dont l'un est cintré alternativement; enfin il dessinera les culots E et les rosaces F, et l'opération sera terminée.

6° D'UNE ROSE DE COMPARTIMENTS VARIÉS. (Fig. 6.)

L'élève dessinera d'abord la rosace géométrique A avec ses six feuilles principales et ses six feuilles superposées; il décrira autour de cette rosace deux circonférences concentriques B qu'il ornera de patenôtres; ensuite il décrira une troisième circonférence C qu'il divisera en vingt-quatre parties égales et il obtiendra le centre des vingt-quatre feuilles superposées de la bordure extérieure, il ne lui restera plus qu'à tracer les deux circonférences du dehors D.

FIN DE LA SECONDE SÉRIE.

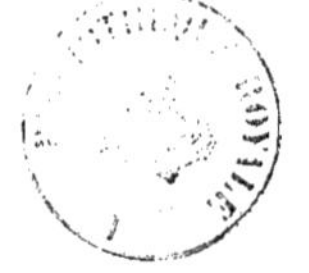

www.ingramcontent.com/pod-product-compliance
Ingram Content Group UK Ltd.
Pitfield, Milton Keynes, MK11 3LW, UK
UKHW020420180726
13839UKWH00003B/1358

9 782329 567501